YR EGLWYS YNG NGHYMRU | THE CHURCH IN WALES

LLITHIADUR

Blwyddyn B

Dyddiau'r Wythnos 1

Adfent

2026

~

Y Deyrnas

2027

Lluniwyd gan
Ritchie Craven

Cynnwys	tudalen

Blwyddyn

O fewn y Llithiadur, dangosir yr holl ddathliadau ar eu diwrnod cywir gan gynnwys y rheiny sy'n syrthio ar y Sul. Dylid dathlu'r Dyddiau Gŵyl a'r Gwyliau yng ngrwpiau I a II bob amser a gellir fel arfer dathlu'r rheiny yng ngrŵp II sydd wedi'u trosglwyddo ar y diwrnod nesaf sydd ar gael (ond gellir eu dathlu ar unrhyw ddiwrnod cyfleus cyn y Sul canlynol).

Os bydd Dydd Gŵyl Dewi yn syrthio ar Ddydd Mercher Lludw trosglwyddir ef i'r diwrnod cynt.

Mae'r Gwyliau Llai a'r Coffadwriaethau yng ngrwpiau IV a V yn opsiynol ac ni chânt fel arfer eu trosglwyddo.

Mae'r ddarpariaeth ar gyfer yr holl ddathliadau i'w chael yn adran gefn y llyfr (yn dechrau ar dudalen 121).

Nodyn

Ar yr achlysuron hynny pan fo Dydd Gŵyl neu Ŵyl o'r grwpiau I neu II yn disodli Sul yn yr Amser Ordinari, y darlleniadau a bennwyd ar gyfer y Cymun Bdiweddigaid yw darlleniadau'r Prif Wasanaeth, y rhai a bennwyd ar gyfer yr Hwyrol Weddi yw darlleniadau'r Ail Wasanaeth a'r rhai a bennwyd ar gyfer y Foreol Weddi yw darlleniadau'r Trydydd Gwasanaeth.

Grwpiau I, II a III: Y rhai ar gyfer y dydd yw'r Cymun Bdiweddigaid a'r Gwasanaethau Beunyddiol, fel arfer gyda darpariaeth llithiadur. Mae darpariaeth y Cymun Bdiweddigaid Beunyddiol wedi'i hepgor a gellir cyfuno deunydd y Gwasanaeth Beunyddiol â deunydd y dydd sydd o'i flaen neu'n ei ddilyn yn yr wythnos. Y colect a ddefnyddir yw'r un ar gyfer y dydd.

Grwpiau IV a V: Y rhai ar gyfer y diwrnod neu'r tymor ordinari yw'r Gwasanaethau Beunyddiol, a'r colect fel arfer yw un yr wythnos honno er y gellir defnyddio colect y dydd, yn enwedig os nad oes ddathliad o'r Cymun Bdiweddigaid ar y diwrnod hwnnw. Yn nathliadau dyddiau'r wythnos y Gwyliau Llai yng ngrŵp IV defnyddir darlleniadau'r Cymun Bdiweddigaid Beunyddiol fel arfer ond gellir rhoi darlleniadau priod yn eu lle. Yn nathliadau Coffadwriaethau grŵp V ar ddyddiau'r wythnos defnyddir darlleniadau'r Cymun Bdiweddigaid Beunyddiol fel arfer.

Gall Gŵyl Nawddsant, Gŵyl Enw, Gŵyl Gysegru neu Daleithiol, dathliad Eciwmenaidd neu Ŵyl Ddiolchgarwch (yn draddodiadol o gwmpas Sul cyntaf mis Hydref) gymryd y flaenoriaeth ar unrhyw Sul neu gadwraeth arall yng ngrwpiau III - V.

Dim ond ar wyliau'r Nadolig a'r Pasg y cedwir wythnoswyliau. Mae tymor y Pasg yn dechrau ar Noswyl y Pasg ac yn gorffen ar Ddydd y Pentecost.

Salmau: Mae'r cyfeiriadau at y salmau yn y llithiadur yn cyfeirio at yr adnodau fel yr ymddangosant yn yr ysgrythur yn hytrach nag yn ffurf litwrgaidd y Sallwyr.

Y Foreol Weddi a'r Hwyrol Weddi yn ystod Wythnos y Pasg

Cymerir darlleniadau'r Foreol Weddi a'r Gosber o'r ail a'r drydedd ddarpariaeth fel y bo'n briodol.

Y Colect

Dylai fod yn arferol defnyddio un o golectau'r dydd, fel y bo'n briodol i'r llithiau a ddefnyddir. Mae'r weddi Ôl-Gymun yn opsiynol ac yn cyd-fynd â'r colect.

Lliwiau

Y cynllun lliwiau a restrir yn y Llithiadur yw'r un y cytunwyd arno gan Fainc yr Esgobion ym Mehefin 2011 ac mae'n adlewyrchu'r arfer cyfredol mwyaf cyffredin.

Ar ddyddiau'r saint pwysicaf a gwasanaethau arbennig e.e. conffyrmasiwn, sefydlu, angladd etc gellir gwisgo lliwiau priodol eraill.

Suliau a Thymhorau – yr Adfent mewn PORFFOR; Dydd Nadolig tan Ŵyl Fair y Canhwyllau (2il Chwefror) mewn GWYN;

3ydd Chwefror tan Ddydd Mawrth Ynyd mewn GWYRDD;

Dydd Mercher Lludw tan noswyl Sul y Palmwydd mewn PORFFOR (er y gellir gwisgo COCH y DIODDEFAINT ar Sul y Pasg (coch tywyll lliw merysen yw COCH y DIODDEFAINT yn wahanol i'r coch mwy Pentecostaidd);

Sul y Palmwydd tan y Pasg mewn COCH y DIODDEFAINT neu BORFFOR, ac eithrio'r Cymun Bdiweddigaid ar Ddydd Iau Cablyd mewn GWYN;

Gellir gwisgo addurniadau grawysol yn ystod y Garawys neu yn ystod wythnos y Pasg yn unig;

Y Pasg tan noswyl y Pentecost mewn GWYN;

Sul y Pentecost mewn COCH a'r Llun wedi'r Pentecost tan noswyl Sul yr Adfent mewn GWYRDD ac eithrio Sul y Drindod mewn GWYN. (COCH fel opsiwn i Dymor y Deyrnas).

Crist y Brenin mewn GWYN.

Dyddiau Gŵyl

Gwyliau'r Fdiweddigaid Forwyn Fair, Joseff o Nasareth, Genedigaeth Ioan Fedyddiwr, Mair Magdalen, y Gweddnewidiad, Mihangel a'r Holl Angylion, Ioan yr Efengylwr, Diolchgarwch am y Cymun Sanctaidd mewn GWYN;

Yr Apostolion a'r Efengylwyr, Gŵyl y Grog, Gŵyl y Diniweidiaid mewn COCH;

Gŵyl yr Holl Saint mewn PORFFOR (neu Ddu);

Gwyliau Llai (IV) mewn COCH (i Ferthyron) neu WYN neu liw'r tymor;

Coffadwriaethau (V) fel arfer yn lliw'r tymor ond COCH (i Ferthyron) neu gellir defnyddio GWYN os dymunir.

LLITHIADUR MANWL

LLYFR UN:

Blwyddyn B

Dyddiau'r Wythnos 1

Adfent

2026

~

Y Deyrnas

2027

SUL CYNTAF YR ADFENT		
DYDDIAD	**COLECT AC ÔG**	**PRIF WASANAETH**
Dydd Sul 29 Tachwedd (†)	1 & 2	Eseia 64. 1-9 Salm 80. 1-7, [17-19] 1 Corinthiaid 1. 3-9 Marc 13. 24-37

	Dydd Byd-Eang AIDS	
Andreas, Apostol *a* Nawddsant yr Alban	† Nicholas Ferrar	† Saint, Merthyron *a* Chenhadon Asia
* Llun 30 Tachwedd	Mawrth 1 Rhagfyr	Mercher 2 Rhagfyr
CYMUN DYDDIOL		
Colect ac ÔG 315 & 110 Eseia 52. 7-10 Salm 19. 1-4 Rhufeiniaid 10. 12-18 Mathew 4. 18-2	Colect ac ÔG 1&2 Eseia 11. 1-10 Salm 72. 1-8 Luc 10. 21-24	Colect ac ÔG 1&2 Eseia 25. 6-9 Salm 23 Mathew 15. 29-39
Boreol Weddi		
Salm 46; 47 Eseciel 47. 1-12 *neu* Ecclesiasticus 14. 20-27 Ioan 12. 20-32	Salm 80; [82] Eseia 43. 1-13 Datguddiad 20	Salm [5;] 7 Eseia 43. 14-diwedd Datguddiad 21. 1-8
Hwyrol Weddi		
Salm 87; 96 Sechareia 8. 20-23 Ioan 1. 35-42	Salm 74; [75] Eseia 26. 1-13 Mathew 12. 22-37	Salm [76;] 77 Eseia 28. 1-13 Mathew 12. 38-diwedd

TRYDYDD GWASANAETH	AIL WASANAETH	Nodiadau
Salm 44 Eseia 2. 1-5 Luc 12. 35-48	Salm 25 *neu* 25. 1-10 Eseia 1. 1-20 Mathew 21. 1-13	LGG 1984 tudalen 27. † Ar gyfer dathliadau dyddiau'r wythnos gweler tudalen 122. * Am y darlleniadau a ddisodlwyd, gweler tudalen 115.
Hwyrol Weddi noswyl Andreas: Salm 48; Eseia 49. 1-9a; 1 Corinthiaid 4. 9-16		

† Francis Xavier Iau 3 Rhagfyr	Gwener 4 Rhagfyr	Sadwrn 5 Rhagfyr
	CYMUN DYDDIOL	
Colect ac ÔG 1&2 Eseia 26. 1-6 Salm 118. 19-24 Mathew 7. 21-27	Colect ac ÔG 1&2 Eseia 29. 17-24 Salm 27. 1-4, 13, 14 Mathew 9. 27-31	Colect ac ÔG 1&2 Eseia 30. 19-21, 23-26 Salm 147. 1-11 Mathew 9.35 – 10.1, 5-8
	Boreol Weddi	
Salm 42; [43] Eseia 44. 1-8 Datguddiad 21. 9-21	Salm 25; [26] Eseia 44. 9-23 Datguddiad 21.22 – 22.5	Salm 9 Eseia 44.24 – 45.13 Datguddiad 22. 6-diwedd
	Hwyrol Weddi	
Salm 40; [46] Eseia 28. 14-diwedd Mathew 13. 1-23	Salm [16;] 17 Eseia 29. 1-14 Mathew 13. 24-43	Salm 27; 28 Eseia 29. 15-diwedd Mathew 13. 44-diwedd

AIL SUL YR ADFENT		
DYDDIAD	COLECT AC ÔG	PRIF WASANAETH
Dydd Sul 6 Rhagfyr (†)	3 & 4	Eseia 40. 1-11 Salm 85. [1, 2,] 8-13 2 Pedr 3. 8-15a Marc 1. 1-8

† Emrys	† Cynidr	Dydd Catgor
Llun 7 Rhagfyr	Mawrth 8 Rhagfyr	Mercher 9 Rhagfyr
CYMUN DYDDIOL		
Colect ac ÔG 3 & 4 Eseia 35. 1-10 Salm 85. 8-13 Luc 5. 17-26	Colect ac ÔG 3 & 4 Eseia 40. 1-11 Salm 96 Mathew 18. 12-14	Colect ac ÔG 351 & 352 Set Catgor 1, 2 *neu* 3. Gweler tudalen 154.
Boreol Weddi		
Salm 44 Eseia 45. 14-diwedd 1 Thesaloniaid 1	Salm 56; [57] Eseia 46 1 Thesaloniaid 2. 1-12	Salm 62; [63] Eseia 47 1 Thesaloniaid 2. 13-diw.
Hwyrol Weddi		
Salm 144; [146] Eseia 30. 1-18 Mathew 14. 1-12	Salm 11; [12; 13] Eseia 30. 19-diwedd Mathew 14. 13-diwedd	Salm 10; [14] Eseia 31 Mathew 15. 1-20

TRYDYDD GWASANAETH	AIL WASANAETH	Nodiadau
Salm 80 Baruch 5. 1-9 *neu* Seffaneia 3. 14-20 Luc 1. 5-20	Salm 40 *neu* 40. 11-17 1 Brenhinoedd 22. 1-28 Rhufeiniaid 15. 4-13 *Pan fo'r Ail Wasanaeth yn Gymun, defnyddir fel Efengyl:* Mathew 11. 2-11	LGG 1984 tudalen 30. † Ar gyfer dathliadau dyddiau'r wythnos gweler tudalen (122 &) 123.

	Dydd Catgor	Dydd Catgor
Iau 10 Rhagfyr	Gwener 11 Rhagfyr	Sadwrn 12 Rhagfyr
	CYMUN DYDDIOL	
Colect ac ÔG 3 & 4 Eseia 41. 13-20 Salm 145. 1-4, 8-13 Mathew 11. 7-15	Colect ac ÔG 351 & 352 Set Catgor 1, 2 *neu* 3. Gweler tudalen 154.	Colect ac ÔG 351 & 352 Set Catgor 1, 2 *neu* 3. Gweler tudalen 154.
	Boreol Weddi	
Salm [53;] 54; [60] Eseia 48. 1-11 1 Thesaloniaid 3	Salm [85;] 86 Eseia 48. 12-diwedd 1 Thesaloniaid 4. 1-12	Salm 145 Eseia 49. 1-13 1 Thesaloniaid 4. 13-diw.
	Hwyrol Weddi	
Salm 73 Eseia 32 Mathew 15. 21-28	Salm [82;] 90 Eseia 33. 1-22 Mathew 15. 29-diwedd	Salm [93;] 94 Eseia 35 Mathew 16. 1-12

TRYDYDD SUL YR ADFENT		
DYDDIAD	COLECT AC ÔG	PRIF WASANAETH
Dydd Sul 13 Rhagfyr (†)	5 & 6	Eseia 61. 1-4, 8-11 Salm 126 *neu Gantigl*: Magnificat (Luc 1. 46b-55) 1 Thesaloniaid 5. 16-24 Ioan 1. 6-8, 19-28

† Ioan y Groes

Llun 14 Rhagfyr	Mawrth 15 Rhagfyr	Mercher 16 Rhagfyr
	CYMUN DYDDIOL	
Colect ac ÔG 5 & 6 Numeri 24. 2-7, 15-17a Salm 25. 4-10 Mathew 21. 23-27	Colect ac ÔG 5 & 6 Seffaneia 3. 1, 2, 9-13 Salm 34. 1-8, 15-22 Mathew 21. 28-32	Colect ac ÔG 5 & 6 Eseia 45. 5-8, [9-17,] 18-25 Salm 85. 8-13 Luc 7. 19-23
	Boreol Weddi	
Salm 40 Eseia 49. 14-25 1 Thesaloniaid 5. 1-11	Salm 70; [74] Eseia 50 1 Thesaloniaid 5. 12-diw.	Salm 75; [96] Eseia 51. 1-8 2 Thesaloniaid 1
	Hwyrol Weddi	
Salm [25;] 26 Eseia 38. 1-8, 21-22 Mathew 16. 13-diwedd	Salm 50; [54] Eseia 38. 9-20 Mathew 17. 1-13	Salm [25;] 82 Eseia 39 Mathew 17. 14-21

TRYDYDD GWASANAETH	**AIL WASANAETH**	**Nodiadau**
Salm 50. 1-6; 62 **Eseia 12** **Luc 1. 57-66**	**Salm 68. 1-8, [9-20]** **Malachi 3. 1-4; 4** **Philipiaid 4. 4-7** *Pan fo'r Ail Wasanaeth yn Gymun, defnyddir fel Efengyl:* **Mathew 14. 1-12**	**LGG 1984 tudalen 33.** **† Ar gyfer dathliadau dyddiau'r wythnos gweler tudalen 123.**

O Ddoethineb! **Iau 17 Rhagfyr**	**O Adonai!** **Gwener 18 Rhagfyr**	**O Wreiddyn Jesse!** **Sadwrn 19 Rhagfyr**
	CYMUN DYDDIOL	
Colect ac ÔG 324 & 6 **Genesis 49. 2, 8-10** **Salm 72. 1-8** **Mathew 1. 1-7, 17**	**Colect ac ÔG 325 & 6** **Jeremeia 23. 5-8** **Salm 72. 11-20** **Mathew 1. 18-25**	**Colect ac ÔG 326 & 6** **Barnwyr 13. 2-7, 24, 25** **Salm 71. 1-8** **Luc 1. 5-25**
	Boreol Weddi	
Salm 76; [97] **Eseia 51. 9-16** **2 Thesaloniaid 2**	**Salm [77;] 98** **Eseia 51. 17-diwedd** **2 Thesaloniaid 3**	**Salm [144;] 146** **Eseia 52. 1-12** **Jwdas**
	Hwyrol Weddi	
Salm 44 **Seffaneia 1.1 – 2.3** **Mathew 17. 22-diwedd**	**Salm 49** **Seffaneia 3. 1-13** **Mathew 18. 1-20**	**Salm [10;] 57** **Seffaneia 3. 14-diwedd** **Mathew 18. 21-diwedd**

PEDWERYDD SUL YR ADFENT		
DYDDIAD	COLECT AC ÔG	PRIF WASANAETH
Dydd Sul 20 Rhagfyr	7 & 8	2 Samuel 7. 1-11, 16 *Gantigl:* Magnificat (Luc 1. 46b-55) *neu* Salm 89. 1-4, 19-26 *neu* Salm 89. 1-8 Rhufeiniaid 16. 25-27

O Wawrddydd! Llun 21 Rhagfyr	O Frenin y cenhedloedd! Mawrth 22 Rhagfyr	O Immanuel! Mercher 23 Rhagfyr
	CYMUN DYDDIOL	
Colect ac ÔG 328 & 8 Seffaneia 3. 14-18 Salm 33. 1-5, 18-22 Luc 1. 39-45	Colect ac ÔG 329 & 8 1 Samuel 1. 19-28 Salm 113 *neu* Salm 122 Luc 1. 46-56	Colect ac ÔG 330 & 8 Malachi 3. 1-5 Salm 25. 1-15 Luc 1. 57-66
	Boreol Weddi	
Salm 121; [122; 123] Eseia 52.13 – *diwedd* 53 2 Pedr 1. 1-15	S. 124; [125; 126; 127] Eseia 54 2 Pedr 1.16 – 2.3	S. [128; 129;] 130; [131] Eseia 55 2 Pedr 2. 4-diwedd
	Hwyrol Weddi	
Salm [80;] 84 Malachi 1. 1, 6-diwedd Mathew 19. 1-12	Salm [24;] 48 Malachi 2. 1-16 Mathew 19. 13-15	Salm 89.1-37 Malachi 2.17 – 3.12 Mathew 19. 16-diwedd

* *Set I*	*Set II*	*Set III*
Eseia 9. 2-7	Eseia 62. 6-12	Eseia 52. 7-10
Salm 96	Salm 97	Salm 98
Titus 2. 11-14	Titus 3. 4-7	Hebreaid 1. 1-4, [5-12]
Luc 2. 1-14, [15-20]	Luc 2. [1-7,] 8-20	Ioan 1. 1-14 ←

TRYDYDD GWASANAETH	AIL WASANAETH	Nodiadau
Salm 144 Eseia 7. 10-16 Rhufeiniaid 1. 1-7	Salm 113; [131] Sechareia 2. 10-13 Luc 1. 39-55	LGG 1984 tudalen 35.

Noswyl y Nadolig * Iau 24 Rhagfyr	GENEDIGAETH EIN HARGLWYDD Dydd Nadolig Gwener 25 Rhagfyr	Steffan, Diacon a'r Merthyr Cyntaf Sadwrn 26 Rhagfyr
CYMUN DYDDIOL	PRIF WASANAETH	CYMUN DYDDIOL
Colect ac ÔG 9 & 10 *Cymun yn ystod y dydd:* 2 Samuel 7. 1-5, 8-11, 16 Salm 89. 2, 21-27 Actau 13. 16-26 Luc 1. 67-79	Colect ac ÔG 11 & 12 *Gellir defnyddio unrhyw un o'r setiau o ddarlleniadau canlynol ar waelod tudalen 12* * *ar noswyl Nadolig ac ar Ddydd Nadolig.* *Dylid defnyddio Set III mewn gwasanaeth yn ystod y dathlu.*	Colect ac ÔG 331 & 12 2 Cronicl 24. 20-22 Salm 119. 161-168 Actau 7. 51-60 Mathew 23. 34-39 *neu* Actau 7. 51-60 Salm 119. 161-168 Galatiaid 2. 16b-20 Mathew 23. 34-39
Boreol Weddi	TRYDYDD GWASANAETH	Boreol Weddi
Salm 45; [113] Eseia 56. 1-8 2 Pedr 3	Salm 110 Eseia 62. 1-5 Mathew 1. 18-25	Salm 13; [31. 1-8; 150] Jeremeia 26. 12-15 Actau 6
Hwyrol Weddi	AIL WASANAETH	Hwyrol Weddi
Salm 85 Sechareia 2 Datguddiad 1. 1-8	Salm 8 Eseia 65. 17-25 Philipiaid 2. 5-11 *neu* Luc 2. 1-20 *pan na ddarllenwyd yn ystod Prif Wasanaeth y dydd.*	Salm [57;] 86 Genesis 4. 1-10 Mathew 10. 17-22

SUL CYNTAF Y NADOLIG		
DYDDIAD	**COLECT AC ÔG**	**PRIF WASANAETH**
Dydd Sul 27 Rhagfyr	13 & 14	Eseia 61.10 – 62.3 Salm 148 *neu* 148. 7-14 Galatiaid 4. 4-7 Luc 2. 15-21

Dydd y Ffoaduriaid		
Ioan, Apostol *ac* Efengylwr * Llun 28 Rhagfyr *(Symud o 27 Rhagfyr)*	Y Diniweidiaid * (†) Mawrth 29 Rhagfyr *(Symud o 28 Rhagfyr)*	† Tathan Mercher 30 Rhagfyr
	CYMUN DYDDIOL	
Colect ac ÔG 332 & 12 (Dydd) Exodus 33. 7-11a Salm 117 1 Ioan 1 Ioan 21. 19b-25	Colect ac ÔG 333 & 385 / 389 Jeremeia 31. 15-17 Salm 124 1 Corinthiaid 1. 26-29 Mathew 2. 13b-18	Colect ac ÔG 13 & 14 1 Ioan 2. 12-17 Salm 96. 7-10 Luc 2. 36-40
	Boreol Weddi	
Salm 21; [147.13-diwedd] Exodus 33. 7-11a 1 Ioan 2. 1-11	Salm 36; [146] Baruch 4. 21-27 *neu* Genesis 37. 13-20 Mathew 18. 1-10	Salm [111; 112;] 113 Eseia 59. 1-15a Ioan 1. 19-28
	Hwyrol Weddi	
Salm 97 Eseia 6. 1-8, [9, 10] 1 Ioan 5. 1-12	Salm [123;] 128 Eseia 49. 14-25 Marc 10. 13-16	Salm 65; [84] Jona 2 Colosiaid 1. 15-23

TRYDYDD GWASANAETH	**AIL WASANAETH**	**Nodiadau**
Salm 105. 1-9 Eseia 63. 7-9 Effesiaid 3. 5-12	Salm 132 Eseia 35. 1-10 Colosiaid 1. 9-20 *Pan fo'r Ail Wasanaeth yn Gymun, defnyddir fel Efengyl:* Luc 2. 41-52	LGG 1984 tudalen 43. * Am y darlleniadau a ddisodlwyd, gweler tudalen 115. † Ar gyfer dathliadau dyddiau'r wythnos gweler tudalen 124.

	2027	
† John Wycliffe	**Enwi Iesu**	
Iau 31 Rhagfyr	**Gwener 1 Ionawr**	**Sadwrn 2 Ionawr**
	CYMUN DYDDIOL	
Colect ac ÔG 13 & 14 1 Ioan 2. 18-21 Salm 96. 1, 2, 11-13 Ioan 1. 1-18	Colect ac ÔG 142 & 14 Numeri 6. 22-27 Salm 8 Galatiaid 4. 4-7 Luc 2. 15-21	Colect ac ÔG 13 & 14 1 Ioan 2. 22-29 Salm 98. 1-4 Ioan 1. 19-28
	Boreol Weddi	
Salm 102 Eseia 59. 15b-diwedd Ioan 1. 29-34	Salm 103; [150] Genesis 17. 1-13 Rhufeiniaid 2. 17-29	Salm 18. 1-30 Eseia 60. 1-12 Ioan 1. 35-42
	Hwyrol Weddi	** *Gweler rheolau Ystwyll Ein Harglwydd, tudalen 16.*
Salm 90; [148] Jona 3 – 4 Colosiaid 1.24 – 2.7	Salm 115 Deuter. 30. (1-10,) 11-20 Actau 3. 1-16	Salm [45;] 46 Ruth 1 Colosiaid 2. 8-diwedd
... noswyl Enwi Iesu: ***Salm 148: Jeremeia 23. 1-6: Colosiaid 2. 8-15***		

* AIL SUL Y NADOLIG			
DYDDIAD	**COLECT AC ÔG**	**PRIF WASANAETH**	
Dydd Sul 3 Ionawr (†)	15 & 16	*Naill ai:* Jeremeia 31. 7-14 Salm 147. 12-20 Effesiaid 1. 3-14 Ioan 1. [1-9,] 10-18	*neu:* Ecclesiasticus 24. 1-12 *Gantigl:* Doethineb 10. 15-21 Effesiaid 1. 3-14 Ioan 1. [1-9,] 10-18
** Yn y dilyniant hwn, gellir symud Dydd Gŵyl yr Ystwyll i'r dydd Sul hwn. Os caiff yr Dydd Gŵyl yr Ystwyll ei symud, the gellir dod o hyd i ddarlleniadau ar gyfer Llun 4, Mawrth 5 a Mercher 6 Ionawr ar dudalen 112.			

Llun 4 Ionawr	Mawrth 5 Ionawr	** DYDD GŴYL YR YSTWYLL Mercher 6 Ionawr
CYMUN DYDDIOL		**PRIF WASANAETH**
Colect ac ÔG 15 & 16 1 Ioan 3. 7-10 Salm 98. 1, 2, 7-9 Ioan 1. 35-42	Colect ac ÔG 15 & 16 1 Ioan 3. 11-18 Salm 100 Ioan 1. 43-51	Colect ac ÔG 17 & 18 Eseia 60. 1-6 Salm 72. [1-9,] 10-15 Effesiaid 3. 1-12 Mathew 2. 1-12
Boreol Weddi		**TRYDYDD GWASANAETH**
Salm 89. 1-37 Eseia 61 Ioan 2. 1-12	Salm [8;] 48 Eseia 62 Ioan 2. 13-diwedd	Salm 113; 132 Jeremeia 31. 7-14 Ioan 1. 29-34
Hwyrol Weddi		**AIL WASANAETH**
Salm [85;] 87 Ruth 3 Colosiaid 3.12 – 4.1	Salm [96;] 97 Ruth 4. 1-17 Colosiaid 4. 2-diwedd	Salm 98; 100 Baruch 4.36 – 5.9 *neu* Eseia 60. 1-9 Ioan 2. 1-11
	** *... Noswyl Ystwyll:* *Salm 96; 97: Eseia 49. 1-13: Ioan 4. 7-26*	

TRYDYDD GWASANAETH	**AIL WASANAETH**	**Nodiadau**
Salm 87 **Sechareia 8. 1-8** **Luc 2. 41-52**	**Salm 135 *neu* 135. 1-14** **Eseia 46. 3-13** **Rhufeiniaid 12. 1-8** *Pan fo'r Ail Wasanaeth yn Gymun, defnyddir fel Efengyl:* **Mathew 2. 13-23**	**LGG 1984 tudalen 45.** **(† Ar gyfer dathliadau dyddiau'r wythnos gweler tudalen 124).**

Iau 7 Ionawr	**Gwener 8 Ionawr**	**Sadwrn 9 Ionawr**
	CYMUN DYDDIOL	
Colect ac ÔG 17 & 18 **1 Ioan 3.19 – 4.6** **Salm 2** **Mathew 4. 12-17, 23-25**	**Colect ac ÔG 17 & 18** **1 Ioan 4. 7-12** **Salm 72. 1-8** **Marc 6. 30-44**	**Colect ac ÔG 17 & 18** **1 Ioan 4. 11-19** **Salm 72. 1,2, 10-13** **Marc 6. 45-52**
	Boreol Weddi	
Salm 99; [147. 1-12] **Eseia 63. 7-diwedd** **1 Ioan 3**	**Salm 46; [147. 13-diw.]** **Eseia 64** **1 Ioan 4. 7-diwedd**	**Salm [2;] 148** **Eseia 65. 1-16** **1 Ioan 5. 1-12**
	Hwyrol Weddi	
Salm 118 **Baruch 1.15 – 2.10** ***neu* Jeremeia 23. 1-8** **Mathew 20. 1-16**	**Salm 145** **Baruch 2. 11-diwedd** ***neu* Jeremeia 30. 1-17** **Mathew 20. 17-28**	**Salm 67; [72]** **Baruch 3. 1-8** ***neu* Jeremeia 30.18 – 31.9** **Mathew 20. 29-diwedd**
		... noswyl Bedydd Crist: ***Salm 36: Eseia 61: Titus 2. 11-14; 3. 4-7***

BEDYDD CRIST – SUL CYNTAF YR YSTWYLL		
DYDDIAD	**COLECT AC ÔG**	**PRIF WASANAETH**
Dydd Sul 10 Ionawr (†)	19 & 20	Genesis 1. 1-5 Salm 29 Actau 19. 1-7 Marc 1. 4-11

† Rhys Prichard, William Williams *ac* Isaac Williams		† Ilar
Llun 11 Ionawr	Mawrth 12 Ionawr	Mercher 13 Ionawr
CYMUN DYDDIOL		
Colect ac ÔG 19 & 20 Hebreaid 1. 1-6 Salm 97. 1-2, 6-10 Marc 1. 14-20	Colect ac ÔG 19 & 20 Hebreaid 2. 5-12 Salm 8 Marc 1. 21-28	Colect ac ÔG 19 & 20 Hebreaid 2. 14-diwedd Salm 105. 1-9 Marc 1. 29-39
Boreol Weddi		
Salm 2; [110] Amos 1 1 Corinthiaid 1. 1-17	Salm [8;] 9 Amos 2 1 Corinthiaid 1. 18-diw.	Salm [19;] 20 Amos 3 1 Corinthiaid 2
Hwyrol Weddi		
Salm 34; [36] Genesis 1. 1-19 Mathew 21. 1-17	Salm 45; [46] Genesis 1.20 – 2.3 Mathew 21. 18-32	Salm 47; [48] Genesis 2. 4-diwedd Mathew 21. 33-diwedd

TRYDYDD GWASANAETH	**AIL WASANAETH**	**Nodiadau**
Salm 89. 20-29 1 Samuel 16. 1-3, 13 Ioan 1. 29-34	Salm 46; [47] Eseia 42. 1-9 Effesiaid 2. 1-10 *Pan fo'r Ail Wasanaeth yn Gymun, defnyddir fel Efengyl:* Mathew 3. 13-17	LGG 1984 tudalen 50. † Ar gyfer dathliadau dyddiau'r wythnos gweler tudalen 125.

† Cyndeyrn		
Iau 14 Ionawr	Gwener 15 Ionawr	Sadwrn 16 Ionawr
CYMUN DYDDIOL		
Colect ac ÔG 19 & 20 Hebreaid 3. 7-14 Salm 95. 1, 8-diwedd Marc 1. 40-diwedd	Colect ac ÔG 19 & 20 Hebreaid 4. 1-4, 11 Salm 78. 3-8 Marc 2. 1-12	Colect ac ÔG 19 & 20 Hebreaid 4. 12-diwedd Salm 19. 7-diwedd Marc 2. 13-17
Boreol Weddi		
Salm 21; [24] Amos 4 1 Corinthiaid 3	Salm 67; [72] Amos 5. 1-17 1 Corinthiaid 4	Salm [29;] 33 Amos 5. 18-diwedd 1 Corinthiaid 5
Hwyrol Weddi		
Salm 61; [65] Genesis 3 Mathew 22. 1-14	Salm 68 Genesis 4. 1-16, 25-26 Mathew 22. 15-33	Salm [84;] 85 Genesis 6. 1-10 Mathew 22. 34-diwedd

AIL SUL YR YSTWYLL		
DYDDIAD	**COLECT AC ÔG**	**PRIF WASANAETH**
Dydd Sul 17 Ionawr (†)	21 & 22	1 Samuel 3. 1-10, [11-20] Salm 139. 1-6, 13-18 *neu* 139. 1-10 Datguddiad 5. 1-10 Ioan 1. 43-51

18-25 Ionawr: Mae'r Wythnos Weddi am Undeb Cristnogol.		
† Cyffes Pedr		
Llun 18 Ionawr	Mawrth 19 Ionawr	Mercher 20 Ionawr
CYMUN DYDDIOL		
Colect ac ÔG 21 & 22 Hebreaid 5. 1-10 Salm 110. 1-4 Marc 2. 18-22	Colect ac ÔG 21 & 22 Hebreaid 6. 10-diwedd Salm 111 Marc 2. 23-diwedd	Colect ac ÔG 21 & 22 Hebreaid 7. 1-3, 15-17 Salm 110. 1-4 Marc 3. 1-6
Boreol Weddi		
Salm [145;] 146 Amos 6 1 Corinthiaid 6. 1-11	Salm 132; [147. 1-12] Amos 7 1 Corinthiaid 6. 12-diw.	Salm 81; [147. 13-diw.] Amos 8 1 Corinthiaid 7. 1-24
Hwyrol Weddi		
Salm 71 Genesis 6.11 – 7.10 Mathew 24. 1-14	Salm 89. 1-37 Genesis 7. 11-diwedd Mathew 24. 15-28	Salm 97; [98] Genesis 8. 1-14 Mathew 24. 29-diwedd

TRYDYDD GWASANAETH	**AIL WASANAETH**	**Nodiadau**
Salm 145. 1-12 **Eseia 62. 1-5** **1 Corinthiaid 6. 11-20**	**Salm 96** **Eseia 60. 9-22** **Hebreaid 6.17 - 7.10** *Pan fo'r Ail Wasanaeth yn Gymun, defnyddir fel Efengyl:* **Mathew 8. 5-13**	**LGG 1984 tudalen 53.** **† Ar gyfer dathliadau dyddiau'r wythnos gweler tudalen (125 &) 126.**

18-25 Ionawr: Mae'r Wythnos Weddi am Undeb Cristnogol.		
† Agnes		
Iau 21 Ionawr	**Gwener 22 Ionawr**	**Sadwrn 23 Ionawr**
CYMUN DYDDIOL		
Colect ac ÔG 21 & 22 **Hebreaid 7.25 - 8.6** **Salm 40. 7-10** **Marc 3. 7-12**	**Colect ac ÔG 21 & 22** **Hebreaid 8. 6-diwedd** **Salm 85. 7-diwedd** **Marc 3. 13-19**	**Colect ac ÔG 21 & 22** **Hebreaid 9. 2-3, 11-14** **Salm 47. 1-8** **Marc 3. 20-21**
Boreol Weddi		
Salm 76; [148] **Amos 9** **1 Corinthiaid 7. 25-diw.**	**Salm 27; [149]** **Hosea 1.1 – 2.1** **1 Corinthiaid 8**	**Salm 122; [128; 150]** **Hosea 2. 2-17** **1 Corinthiaid 9. 1-14**
Hwyrol Weddi		
Salm [99; 100;] 111 **Genesis 8.15 – 9.7** **Mathew 25. 1-13**	**Salm 73** **Genesis 9. 8-19** **Mathew 25. 14-30**	**Salm 61; [66]** **Genesis 11. 1-9** **Mathew 25. 31-diwedd**

TRYDYDD SUL YR YSTWYLL		
DYDDIAD	**COLECT AC ÔG**	**PRIF WASANAETH**
Dydd Sul 24 Ionawr (†)	23 & 24	Genesis 14. 17-20 Salm 128 Datguddiad 19. 6-10 Ioan 2. 1-11

		Dydd Cofio'r Holocost
Tröedigaeth Paul, Apostol	† Timotheus *a* Tituss	† Ioan Chrysostom
* Llun 25 Ionawr	Mawrth 26 Ionawr	Mercher 27 Ionawr
CYMUN DYDDIOL		
Colect ac ÔG 153 & 363 / 365 Jeremeia 1. 4-10 Salm 67 Actau 9. 1-22 Mathew 19. [24-26,] 27-30 *neu:* Actau 9. 1-22 Salm 67 Galatiaid 1. 11-16a Mathew 19. [24-26,] 27-30	Colect ac ÔG 23 & 24 Hebreaid 10. 1-10 Salm 40. 1-11 Marc 3. 31-35	Colect ac ÔG 23 & 24 Hebreaid 10. 11-18 Salm 110. 1-4 Marc 4. 1-20
Boreol Weddi		
Salm 66 Eseciel 3. 22-27 Philipiaid 3. 1-14	Salm [34;] 36 Hosea 4. 1-16 1 Corinthiaid 10. 1-13	Salm [45;] 46 Hosea 5. 1-7 1 Corinthiaid 10.14 – 11.1
Hwyrol Weddi		
Salm 119. 41-56 Ecclesiasticus 39. 1-10 *neu* Eseia 56. 1-8 Colosiaid 1.24 – 2.7	Salm 145 Genesis 13. 2-diwedd Mathew 26. 17-35	Salm [21;] 29 Genesis 14 Mathew 26. 36-46

TRYDYDD GWASANAETH	**AIL WASANAETH**	**Nodiadau**
Salm 113 **Jona 3. 1-5, 10** **Ioan 3. 16-21**	**Salm 33 *neu* 33. 1-12** **Jeremeia 3.21 – 4.2** **Titus 2. 1-8, 11-14** *Pan fo'r Ail Wasanaeth yn Gymun, defnyddir fel Efengyl:* **Mathew 4. 12-23**	**LGG 1984 tudalen 56** *** Am y darlleniadau a ddisodlwyd, gweler tudalen 115.** **† Ar gyfer dathliadau dyddiau'r wythnos gweler tudalen 126.**
Hwyrol Weddi noswyl Tröedigaeth Paul: Salm 149: Eseia 49. 1-13: Actau 22. 3-16		

† Thomas *o* Acwin		
Iau 28 Ionawr	**Gwener 29 Ionawr**	**Sadwrn 30 Ionawr**
	CYMUN DYDDIOL	
Colect ac ÔG 23 & 24 **Hebreaid 10. 19-25** **Salm 24. 1-6** **Marc 4. 21-25**	**Colect ac ÔG 23 & 24** **Hebreaid 10. 32-39** **Salm 37. 1-7, 23, 24** **Marc 4. 26-34**	**Colect ac ÔG 23 & 24** **Hebreaid 11. 1, 2, 8-19** **Salm 89. 19-29** **Marc 4. 35-41**
	Boreol Weddi	
Salm 47; [48] **Hosea 5.8 – 6.6** **1 Corinthiaid 11. 2-16**	**Salm [61;] 65** **Hosea 6.7 – 7.2** **1 Corinthiaid 11. 17-diw.**	**Salm 68** **Hosea 8** **1 Corinthiaid 12. 1-11**
	Hwyrol Weddi	**** Gweler rheolau Cyfl-wyniad Crist - tudalen 24**
Salm 24; [33] **Genesis 15** **Mathew 26. 47-56**	**Salm 67; [77]** **Genesis 16** **Mathew 26. 57-diwedd**	**Salm 72, [76]** **Genesis 17. 1-22** **Mathew 27. 1-10**

PEDWERYDD SUL YR YSTWYLL		
DYDDIAD	**COLECT AC ÔG**	**PRIF WASANAETH**
Dydd Sul 31 Ionawr	25 & 26	Deuteronomium 18. 15-20 Salm 111 Datguddiad 12. 1-5a Marc 1. 21-28
Sul Byd-Eang y Gwahanglwyf		
** Yn y dilyniant hwn, gellir symud Cyflwyniad Crist i'r dydd Sul hwn. Gellir dod o hyd i ddarlleniadau ar gyfer dydd Llun 1 and Mawrth 2 Chwefror ar dudalen 113.		

† Ffraid	** CYFLWYNIAD CRIST (Gŵyl Fair y Canhwyllau)	† Saint, Merthyron a Chenhadon Ewrop *neu* Seiriol
Llun 1 Chwefror	* Mawrth 2 Chwefror	Mercher 3 Chwefror
CYMUN DYDDIOL	**PRIF WASANAETH**	**CYMUN DYDDIOL**
Colect ac ÔG 25 & 26 Hebreaid 11. 32-40 Salm 31. 19-24 Marc 5. 1-20	Colect ac ÔG 27 & 28 Malachi 3. 1-5 Salm 24. [1-6,] 7-10 Hebreaid 2. 14-18 Luc 2. 22-40	Colect ac ÔG 25 & 26 Hebreaid 12. 4-7, 11-15 Salm 103. 1, 2, 13-18 Marc 6. 1-6
Boreol Weddi	**TRYDYDD GWASANAETH**	**Boreol Weddi**
Salm 57; [96] Hosea 9 1 Corinthiaid 12. 12-diw.	Salm 42; 43; 48 Exodus 13. 1-16 Rhufeiniaid 12. 1-5	Salm 119. 1-32 Hosea 11. 1-11 1 Corinthiaid 14. 1-19
Hwyrol Weddi	**AIL WASANAETH**	**Hwyrol Weddi**
Salm 2; [20] Genesis 18. 1-15 Mathew 27. 11-26	Salm 122; 132 Haggai 2. 1-9 Ioan 2. 18-22	Salm 11; [12; 13] Genesis 19. 1-3, 12-29 Mathew 27. 45-56

** *... noswyl Cyflwyniad Crist:*
Salm 118: 1 Samuel 1. 19b-28: Hebreaid 4. 11-16

TRYDYDD GWASANAETH	AIL WASANAETH	Nodiadau
Salm 71. 1-6, 15-17 Jeremeia 1. 4-10 Marc 1. 40-45	Salm 34 *neu* 34. 1-10 1 Samuel 3. 1-20 1 Corinthiaid 14. 12-20 *Pan fo'r Ail Wasanaeth yn Gymun, defnyddir fel Efengyl:* Mathew 13. 10-1	LGG 1984 tudalen 58. * Am y darlleniadau a ddisodlwyd, gweler tudalen 115. † Ar gyfer dathliadau dyddiau'r wythnos gweler tudalen 127.

† Manche Masemola

Iau 4 Chwefror	Gwener 5 Chwefror	Sadwrn 6 Chwefror
	CYMUN DYDDIOL	
Colect ac ÔG 25 & 26 Hebreaid 12. 18-24 Salm 48. 1-3, 8-10 Marc 6. 7-13	Colect ac ÔG 25 & 26 Hebreaid 13. 1-8 Salm 27. 1-10 Marc 6. 14-29	Colect ac ÔG 25 & 26 Hebreaid 13. 9-17, 20, 21 Salm 23 Marc 6. 30-34
	Boreol Weddi	
Salm [14;] 15; [16] Hosea 11.12 – *diwedd* 12 1 Corinthiaid 14. 20-diw.	Salm [17;] 19 Hosea 13. 1-14 1 Corinthiaid 16. 1-9	Salm [20; 21;] 23 Hosea 14 1 Corinthiaid 16. 10-diw.
	Hwyrol Weddi	
Salm 18 Genesis 21. 1-21 Mathew 27. 57-diwedd	Salm 22 Genesis 22. 1-19 Mathew 28. 1-15	Salm 24; [25] Genesis 23 Mathew 28. 16-diwedd

SUL O FLAEN Y GARAWYS: SUL Y GWEDDNEWIDIAD		
DYDDIAD	**COLECT AC ÔG**	**PRIF WASANAETH**
Dydd Sul 7 Chwefror	37 & 38	2 Brenhinoedd 2. 1-12 Salm 50. 1-6 2 Corinthiaid 4. 3-6 Marc 9. 2-9

	† Teilo	DYDD MERCHER Y LLUDW
Llun 8 Chwefror	**Mawrth 9 Chwefror**	**Mercher 10 Chwefror**
CYMUN DYDDIOL		**PRIF WASANAETH**
Colect ac ÔG 37 & 38 Genesis 1. 1-19 Salm 104. 1-12, 24 Marc 6. 53-56	Colect ac ÔG 37 & 38 Genesis 1.20 – 2.4a Salm 8 Marc 7. 1-13	Colect ac ÔG 39 & 40 Joel 2. 1-2, 12-17 *neu* Eseia 58. 1-12 Salm 51. 1-17 2 Corinthiaid 5.20b – 6.10 Mathew 6. 1-6, 16-21 *neu* Ioan 8. 1-11
Boreol Weddi		**TRYDYDD GWASANAETH**
Salm [27;] 30 Jeremeia 1 Ioan 3. 1-21	Salm [32;] 36 Jeremeia 2. 1-13 Ioan 3. 22-diwedd	Salm 38 Daniel 9. 3-6, 17-19 1 Timotheus 6. 6-19
Hwyrol Weddi		**AIL WASANAETH**
Salm [26;] 28; [29] Genesis 37. 1-11 Galatiaid 1	Salm 33 Genesis 37. 12-diwedd Galatiaid 2. 1-10	Salm 102 *neu* 102. 1-17 Eseia 1. 10-18 Luc 15. 11-32

TRYDYDD GWASANAETH	AIL WASANAETH	Nodiadau
Salm 27; 150 **Exodus 24. 12-18** **2 Corinthiaid 3. 12-18**	**Salm 2; [99]** **1 Brenhinoedd 19. 1-16** **2 Pedr 1. 16-21** *Pan fo'r Ail Wasanaeth yn Gymun, defnyddir fel Efengyl:* **Marc 9. [2-8,] 9-13**	**LGG 1984 tudalen 72 (Cwincwagesima).** **† Ar gyfer dathliadau dyddiau'r wythnos gweler tudalen 127.**

Iau 11 Chwefror	Gwener 12 Chwefror	Sadwrn 13 Chwefror
	CYMUN DYDDIOL	
Colect ac ÔG 39 & 40 **Deuteronomium 30. 15-20** **Salm 1** **Luc 9. 18-25**	**Colect ac ÔG 39 & 40** **Eseia 58. 1-9a** **Salm 51. 1-4, 16, 17** **Mathew 9. 14-17**	**Colect ac ÔG 39 & 40** **Eseia 58. 9b-14** **Salm 86. 1-6** **Luc 5. 27-32**
	Boreol Weddi	
Salm 77 **Jeremeia 2. 14-32** **Ioan 4. 1-26**	**Salm 3; [7]** **Jeremeia 3. 6-22** **Ioan 4. 27-42**	**Salm 71** **Jeremeia 4. 1-18** **Ioan 4. 43-diwedd**
	Hwyrol Weddi	
Salm 74 **Genesis 39** **Galatiaid 2. 11-diwedd**	**Salm 31** **Genesis 40** **Galatiaid 3. 1-14**	**Salm 73** **Genesis 41. 1-24** **Galatiaid 3. 15-22**

SUL CYNTAF *yn* Y GARAWYS		
DYDDIAD	**COLECT AC ÔG**	**PRIF WASANAETH**
Dydd Sul 14 Chwefror (†)	42 & 43	Genesis 9. 8-17 Salm 25. 1-10 1 Pedr 3. 18-22 Marc 1. 9-15
Sul Cyfiawnder Hilyddol		

		Dydd Catgor
Llun 15 Chwefror	**Mawrth 16 Chwefror**	**Mercher 17 Chwefror**
CYMUN DYDDIOL		
Colect ac ÔG 42 & 43 Lefiticus 19. 1, 2, 11-18 Salm 19. 7-14 Mathew 25. 31-46	Colect ac ÔG 42 & 43 Eseia 55. 10, 11 Salm 34. 1-8, [15-22] Mathew 6. 7-15	Colect ac ÔG 351 & 352 Set Catgor 1, 2 *neu* 3. Gweler tudalen 154.
Boreol Weddi		
Salm [10;] 11 Jeremeia 4. 19-diwedd Ioan 5. 1-18	Salm 44 Jeremeia 5. 1-19 Ioan 5. 19-29	Salm 6; [17] Jeremeia 5. 20-diwedd Ioan 5. 30-diwedd
Hwyrol Weddi		
Salm [12;] 13; [14] Genesis 41. 25-45 Galatiaid 3.23 – 4.7	Salm [46;] 49 Genesis 41.46 – 42.5 Galatiaid 4. 8-20	Salm [9;] 28 Genesis 42. 6-17 Galatiaid 4.21 – 5.1

TRYDYDD GWASANAETH	**AIL WASANAETH**	**Nodiadau**
Salm 77 **Exodus 34. 1-10** **Rhufeiniaid 10. 8b-13**	**Salm 119. 17-32** **Genesis 2. 15-17; 3. 1-7** **Rhufeiniaid 5. 12-19** ***neu* Luc 13. 31-35**	**LGG 1984 tudalen 77.** **† Ar gyfer dathliadau dyddiau'r wythnos gweler tudalen (127 &) 128.**

	Dydd Catgor	**Dydd Catgor**
† Ioan o Fiesole *ac* Andrei Rublev	**† Thomas Burgess**	**† Saint, Merthyron *a* Chenhadon Affrica**
Iau 18 Chwefror	**Gwener 19 Chwefror**	**Sadwrn 20 Chwefror**
	CYMUN DYDDIOL	
Colect ac ÔG 42 & 43 **Esther 14. 1, 3-5, 12-14** **Salm 138** **Mathew 7. 7-12**	**Colect ac ÔG 351 & 352** **Set Catgor 1, 2 *neu* 3. Gweler tudalen 154.**	**Colect ac ÔG 351 & 352** **Set Catgor 1, 2 *neu* 3. Gweler tudalen 154.**
	Boreol Weddi	
Salm 42; [43] **Jeremeia 6. 9-21** **Ioan 6. 1-15**	**Salm 22** **Jeremeia 6. 22-diwedd** **Ioan 6. 16-27**	**Salm [59;] 63** **Jeremeia 7. 1-20** **Ioan 6. 27-40**
	Hwyrol Weddi	
Salm [137; 138;] 142 **Genesis 42. 18-28** **Galatiaid 5. 2-15**	**Salm [54;] 55** **Genesis 42. 29-diwedd** **Galatiaid 5. 16-diwedd**	**Salm 4; [16]** **Genesis 43. 1-15** **Galatiaid 6**

AIL SUL *yn* Y GARAWYS		
DYDDIAD	**COLECT AC ÔG**	**PRIF WASANAETH**
Dydd Sul 21 Chwefror	44 & 45	Genesis 17. 1-7, 15-16 Salm 22. 23-31 Rhufeiniaid 4. 13-25 Marc 8. 31-38

Llun 22 Chwefror	† Polycarp Mawrth 23 Chwefror	Mercher 24 Chwefror
CYMUN DYDDIOL		
Colect ac ÔG 44 & 45 Daniel 9. 3-10 Salm 79 Luc 6. 36-38	Colect ac ÔG 44 & 45 Eseia 1. 10-20 Salm 50. 7-15 Mathew 23. 1-12	Colect ac ÔG 44 & 45 Jeremeia 18. 18-20 Salm 31. 1-5, 13-16 Mathew 20. 17-28
Boreol Weddi		
Salm [26]; 32 Jeremeia 7. 21-diwedd Ioan 6. 41-51	Salm 50 Jeremeia 8. 1-15 Ioan 6. 52-59	Salm 35 Jeremeia 8.18 – 9.11 Ioan 6. 60-diwedd
Hwyrol Weddi		
Salm [70;] 74 Genesis 43. 16-diwedd Hebreaid 1	Salm 52; [53; 54] Genesis 44. 1-17 Hebreaid 2. 1-9	Salm 3; [51] Genesis 44. 18-diwedd Hebreaid 2. 10-diwedd

TRYDYDD GWASANAETH	AIL WASANAETH	Nodiadau
Salm 105. 1-6, 37-45 Eseia 51. 1-11 Galatiaid 3. 1-9, 23-29	Salm 135 *neu* 135. 1-14 Genesis 12. 1-9 Hebreaid 11. 1-3, 8-16	LGG 1984 tudalen 80. † Ar gyfer dathliadau dyddiau'r wythnos gweler tudalen 128.

		† George Herbert *a* phob Bugail
Iau 25 Chwefror	Gwener 26 Chwefror	Sadwrn 27 Chwefror
CYMUN DYDDIOL		
Colect ac ÔG 44 & 45 Jeremeia 17. 5-10 Salm 1 Luc 16. 19-31	Colect ac ÔG 44 & 45 Genesis 37. 3, 4, 12-28 Salm 17. 1-8 Mathew 21. 33-46	Colect ac ÔG 44 & 45 Micha 7. 14-20 Salm 103. 1-12 Luc 15. 1-3, 11-32
Boreol Weddi		
Salm 34 Jeremeia 9. 12-24 Ioan 7. 1-13	Salm [40;] 41 Jeremeia 10. 1-16 Ioan 7. 14-24	Salm [3;] 25 Jeremeia 10. 17-24 Ioan 7. 25-36
Hwyrol Weddi		
Salm 71 Genesis 45. 1-15 Hebreaid 3. 1-6	Salm 6; [38] Genesis 45. 16-diwedd Hebreaid 3. 7-diwedd	Salm 23; [27] Genesis 46. 1-7, 28-diw. Hebreaid 4. 1-13

TRYDYDD SUL *yn* Y GARAWYS		
DYDDIAD	COLECT AC ÔG	PRIF WASANAETH
Dydd Sul 28 Chwefror	46 & 47	Exodus 20. 1-17 Salm 19 *neu* 19. 7-14 1 Corinthiaid 1. 18-25 Ioan 2. 13-22

Dewi, Esgob Tyddewi *a* Nawddsant Cymru * Llun 1 Mawrth	† Siad Mawrth 2 Mawrth	Mercher 3 Mawrth
	CYMUN DYDDIOL	
Colect ac ÔG 168 & 169 Ecclesiasticus 15. 1-6 *neu* Jeremeia 1. 4-10 Salm 16. 3, 5-8 1 Thesaloniaid 2. 2b-12 Mathew 16. 24-27	Colect ac ÔG 46 & 47 Cân y Tri 1. 2, 11-20 Salm 25. 4-10 Mathew 18. 21-35	Colect ac ÔG 46 & 47 Deuteronomium 4. 1, 5-10 Salm 147. 12-20 Mathew 5. 17-20
	Boreol Weddi	
Salm 112 Doethineb 5. 1-16 *neu* 2 Samuel 23. 1-4 Hebreaid 11. 8-16	Salm [6;] 9 Jeremeia 11.18 – 12.6 Ioan 7.53 – 8.11	Salm 38 Jeremeia 13. 1-11 Ioan 8. 12-30
	Hwyrol Weddi	
Salm 92 Eseciel 2. 1-7 1 Timotheus 4. 1-8	Salm [61; 62;] 64 Genesis 47.28 – *diw.* 48 Hebreaid 5.11 – 6.12	Salm [36;] 39 Genesis 49. 1-32 Hebreaid 6. 13-diwedd

TRYDYDD GWASANAETH	AIL WASANAETH	Nodiadau
Salm 18. 1-24 Jeremeia 38 Philipiaid 1. 1-26	Salm 11; 12 Exodus 5.1 – 6.1 Philipiaid 3.4b-14 *neu* Mathew 10. 16-22	LGG 1984 tudalen 83. * Am y darlleniadau a ddisodlwyd, gweler tudalen 115. † Ar gyfer dathliadau dyddiau'r wythnos gweler tudalen 129.
		Hwyrol Weddi noswyl Dewi: ***Salm 28. 1, 2, 6-9: Exodus 19. 3-6a: Datguddiad 5. 6-10***

Iau 4 Mawrth	Dydd Gweddi Byd-Eang y Chwiorydd † Non Gwener 5 Mawrth	Sadwrn 6 Mawrth
	CYMUN DYDDIOL	
Colect ac ÔG 46 & 47 Jeremeia 7. 21-28 Salm 95. 1-9 Luc 11. 14-23	Colect ac ÔG 46 & 47 Hosea 14. 1-9 Salm 81 Marc 12. 28-34	Colect ac ÔG 46 & 47 Hosea 5.13 – 6.6 Salm 51. 1-4, 16-19 Luc 18. 9-14
	Boreol Weddi	
Salm 56; [57] Jeremeia 14 Ioan 8. 31-47	Salm 22 Jeremeia 15. 10-diwedd Ioan 8. 48-diwedd	Salm 31 Jeremeia 16.10 – 17.4 Ioan 9. 1-17
	Hwyrol Weddi	
Salm 59; [60] Genesis 49.33 – *diw.* 50 Hebreaid 7. 1-10	Salm 69 Exodus 1. 1-14 Hebreaid 7. 11-diwedd	Salm 116; [130] Exodus 1.22 – 2.10 Hebreaid 8

PEDWERYDD SUL *yn* Y GARAWYS / GARAWYS 4 *fel* SUL Y FAM		
DYDDIAD	**COLECT AC ÔG**	**PRIF WASANAETH**
Dydd Sul **7** **Mawrth** **(†)**	48 & 49	Numeri 21. 4-9 Salm 107. 1-3, 17-22 *neu* 107. 1-9 Effesiaid 2. 1-10 Ioan 3. 14-21
Sul y Fam	50 & 49	Exodus 2. 1-10 *neu* 1 Samuel 1. 20-28 Salm 34. 11-20 *neu* 127. 1-4 2 Corinthiaid 1. 3-7 *neu* Colosiaid 3. 12-17 Luc 2. 33-35 *neu* Ioan 19. 25-27

Llun 8 Mawrth	Mawrth 9 Mawrth	Mercher 10 Mawrth
CYMUN DYDDIOL		
Colect ac ÔG 48 & 49 Eseia 65. 17-21 Salm 30 Ioan 4. 43-54	Colect ac ÔG 48 & 49 Eseciel 47. 1-9, 12 Salm 46 Ioan 5. 1-18	Colect ac ÔG 48 & 49 Eseia 49. 8-15 Salm 145. 8-14 Ioan 5. 19-30
Boreol Weddi		
Salm [70;] 77 Jeremeia 17. 5-18 Ioan 9. 18-diwedd	Salm [54;] 79 Jeremeia 18. 1-12 Ioan 10. 1-10	Salm [63;] 90 Jeremeia 18. 13-diwedd Ioan 10. 11-21
Hwyrol Weddi		
Salm 25; [28] Exodus 2. 11-22 Hebreaid 9. 1-14	Salm 80; [82] Exodus 2.23 – 3.20 Hebreaid 9. 15-diwedd	Salm [52;] 91 Exodus 4. 1-23 Hebreaid 10. 1-18

TRYDYDD GWASANAETH	AIL WASANAETH	Nodiadau
Salm 27 1 Samuel 16. 1-13 Ioan 9. 1-25	Salm 13; 14 Exodus 6. 2-13 Rhufeiniaid 5. 1-11 *Pan fo'r Ail Wasanaeth yn Gymun, defnyddir fel Efengyl:* Ioan 12. 1-8	LGG 1984 tudalen 85. († Ar gyfer dathliadau dyddiau'r wythnos gweler tudalen 129.)

Iau 11 Mawrth	Gwener 12 Mawrth	Sadwrn 13 Mawrth
CYMUN DYDDIOL		
Colect ac ÔG 48 & 49 Exodus 32. 7-14 Salm 103. 1-12 Ioan 5. 31-47	Colect ac ÔG 48 & 49 Doethineb 2. 1a, 12-22 Salm 34. 15-22 Ioan 7. 1, 2, 10, 25-30	Colect ac ÔG 48 & 49 Jeremeia 11. 18-20 Salm 7. 1, 2, 8-11 Ioan 7. 40-53
Boreol Weddi		
Salm [53;] 86 Jeremeia 19. 1-13 Ioan 10. 22-diwedd	Salm 102 Jeremeia 19.14 – 20.6 Ioan 11. 1-16	Salm 32 Jeremeia 20. 7-diwedd Ioan 11. 17-27
Hwyrol Weddi		
Salm 94 Exodus 4.27 – 6.1 Hebreaid 10. 19-25	Salm [13;] 16 Exodus 6. 2-13 Hebreaid 10. 26-diwedd	Salm 140; [141; 142] Exodus 7. 8-diwedd Hebreaid 11. 1-16

PUMED SUL *yn* Y GARAWYS: SUL Y DIODDEFAINT		
DYDDIAD	**COLECT AC ÔG**	**PRIF WASANAETH**
Dydd Sul 14 Mawrth	51 & 52	Jeremeia 31. 31-34 Salm 51. 1-12 *neu* 119. 9-16 Hebreaid 5. 5-10 Ioan 12. 20-33

		† Padrig
Llun 15 Mawrth	**Mawrth 16 Mawrth**	**Mercher 17 Mawrth**
	CYMUN DYDDIOL	
Colect ac ÔG 51 & 52 Swsanna 1. 1-9, 15-17, 19-30, 33-62 *neu* Swsanna 1. 41c-62 Salm 23 Ioan 8. 1-11	Colect ac ÔG 51 & 52 Numeri 21. 4-9 Salm 102. 1, 2, 15-22 Ioan 8. 21-30	Colect ac ÔG 51 & 52 Daniel 3. 13-28 Salm 24. 1-6 Ioan 8. 31-47
	Boreol Weddi	
Salm 73; [121] Jeremeia 21. 1-10 Ioan 11. 28-44	Salm 35; [123] Jeremeia 22. 1-5, 13-19 Ioan 11. 45-diwedd	Salm 55; [124] Jeremeia 22.20 – 23.8 Ioan 12. 1-11
	Hwyrol Weddi	
Salm 26; [27] Exodus 8. 1-19 Hebreaid 11. 17-31	Salm 61; [64] Exodus 8. 20-diwedd Hebreaid 11.32 – 12.2	Salm [56;] 62 Exodus 9. 1-12 Hebreaid 12. 3-13

Amrywio Lliw: Coch y Dioddefaint - *Tymor y Dioddefaint yn dechrau*		
TRYDYDD GWASANAETH	**AIL WASANAETH**	**Nodiadau**
Salm 107. 1-22 Exodus 24. 3-8 Hebreaid 12. 18-29	Salm 34 *neu* 34. 1-10 Exodus 7. 8-24 Rhufeiniaid 5. 12-21 *Pan fo'r Ail Wasanaeth yn Gymun, defnyddir fel Efengyl:* Luc 22. 1-13	LGG 1984 tudalen 88. * Am y darlleniadau a ddisodlwyd, gweler tudalen 115. † Ar gyfer dathliadau dyddiau'r wythnos gweler tudalen 129 & 130.

† Cyril *o* Jerwsalem	Joseff *o* Nasareth	† Cuthbert
Iau 18 Mawrth	*** Gwener 19 Mawrth**	**Sadwrn 20 Mawrth**
CYMUN DYDDIOL		
Colect ac ÔG 51 & 52 Genesis 17. 3-9 Salm 105. 1-9 Ioan 8. 51-59	Colect ac ÔG 174 & 389 2 Samuel 7. 10-16 Salm 89. [27-34,] 35-37 Rhufeiniaid 4. 13-18 Mathew 1. 18-25	Colect ac ÔG 51 & 52 Eseciel 37. 21b-28 Salm 121 Ioan 11. 45-57
Boreol Weddi		
Salm 40; [125] Jeremeia 23. 9-32 Ioan 12. 12-19	Salm 25 Eseia 11. 1-10 Mathew 13. 54-58	Salm 23; [127] Jeremeia 25. 1-14 Ioan 12. 36b-diwedd
Hwyrol Weddi		
Salm [42;] 43 Exodus 9. 13-diwedd Hebreaid 12. 14-diwedd *... noswyl Joseff:* *Salm 132: Hosea 11. 1-9: Luc 2. 41-52*	Salm 1; 112 Genesis 50. 22-26 Mathew 2. 13-23	Salm [128; 129;] 130 Exodus 11 Hebreaid 13. 17-diwedd

CHWECHED SUL *yn* Y GARAWYS: SUL Y BLODAU			
DYDDIAD	COLECT AC ÔG	PRIF WASANAETH	
Dydd Sul 21 Mawrth (†)	53 & 54	*Litwrgi'r Palmwydd:* Marc 11. 1-11 *neu* Ioan 12. 12-16 Salm 118. [1, 2,] 19-29 Philipiaid 2. 5-11 Marc 14.1 - 15.47 *neu* 15. 1-39, [40-47]	*Litwrgi'r Dioddefaint:* Eseia 50. 4-9a Salm 31. 9-16, [17, 18] Philipiaid 2. 5-11 Marc 14.1 - 15.47 *neu* 15. 1-39, [40-47]

DYDD LLUN YR WYTHNOS FAWR		
DYDDIAD	COLECT AC ÔG	PRIF WASANAETH
Llun 22 Mawrth	53 & 54	Eseia 42. 1-9 Salm 36. 5-11 Hebreaid 9. 11-15 Ioan 12. 1-11

DYDD MAWRTH YR WYTHNOS FAWR		
DYDDIAD	COLECT AC ÔG	PRIF WASANAETH
Mawrth 23 Mawrth	53 & 54	Eseia 49. 1-7 Salm 71. 1-8, [9-14] 1 Corinthiaid 1. 18-31 Ioan 12. 20-36

DYDD MERCHER YR WYTHNOS FAWR		
DYDDIAD	COLECT AC ÔG	PRIF WASANAETH
Mercher 24 Mawrth (†)	53 & 54	Eseia 50. 4-9a Salm 70 Hebreaid 12. 1-3 Ioan 13. 21-32

Amrywio Lliw: Gellir defnyddio porffor tan Sul y Pasg.		
TRYDYDD GWASANAETH	AIL WASANAETH	Nodiadau
Salm 61; 62 Sechareia 9. 9-12 1 Corinthiaid 2. 1-12	Salm 69. 1-18 Eseia 5. 1-7 Marc 12. 1-12	LGG 1984 tudalen 91. (†) Ar gyfer dathliadau dyddiau'r wythnos gweler tudalen 130.

Amrywio Lliw: Gellir defnyddio porffor tan Sul y Pasg.		
TRYDYDD GWASANAETH	AIL WASANAETH	Nodiadau
Salm 25 Galarnad 2. 8-19 Colosiaid 1. 18-23	Salm 41 Galarnad 1. 1-12a Luc 22. 1-23	LGG 1984 tudalen 95.

Amrywio Lliw: Gellir defnyddio porffor tan Sul y Pasg.		
TRYDYDD GWASANAETH	AIL WASANAETH	Nodiadau
Salm 55. 12-22 Galarnad 3. 40-51 Galatiaid 6. 11-18	Salm 27 Galarnad 3. 1-18 Luc 22. [24-38,] 39-53	LGG 1984 tudalen 101.

Amrywio Lliw: Gellir defnyddio porffor tan Sul y Pasg.		
TRYDYDD GWASANAETH	AIL WASANAETH	Nodiadau
Salm 88 Eseia 63. 1-9 Datguddiad 14.18 – 15.4	Salm 102 *neu* 102. 1-17 Doethineb 1.16 – 2.1; 2. 12-22 *neu* Jeremeia 11. 18-20 Luc 22. 54-71	LGG 1984 tudalen 105. (†) Ar gyfer dathliadau dyddiau'r wythnos gweler tudalen 130.

DYDD IAU CABLYD		
DYDDIAD	**COLECT AC ÔG**	**PRIF WASANAETH**
Iau 25 Mawrth (†)	55 & 56 53 *(mewn Gwasanaeth heb fod yn Gymun)*	*Cymun:* Exodus 12. 1-4, [5-10,] 11-14 Salm 116. 1-2, 12-19 *neu* 116. 12-19 1 Corinthiaid 11. 23-26 Ioan 13. 1-17, 31b-35

DYDD GWENER Y GROGLITH		
DYDDIAD	**COLECT AC ÔG**	**PRIF WASANAETH**
Gwener 26 Mawrth	57 & 58	Eseia 52.13 – 53.12 Salm 22 *neu* 22. 1-11 *neu* 22. 1-21 Hebreaid 10. 16-25 *neu* 4. 14-16; 5. 7-9 Ioan 18.1 – 19.42

NOSWYL Y PASG		
DYDDIAD	**COLECT AC ÔG**	**PRIF WASANAETH**
Sadwrn 27 Mawrth	59	*Gwasanaethau heblaw Gwylnos y Pasg* Job 14. 1-14 *neu* Galarnad 3. 1-9, 19-24 Salm 31. 1-4, 15-16 *neu* 31. 1-5 1 Pedr 4. 1-8 Mathew 27. 57-66 *neu* Ioan 19. 38-42

GWYLNOS Y PASG
Dylid defnyddio o leiaf dri darlleniad o'r Hen Destament. Dylid defnyddio'r darlleniadau o Exodus 14, Rhufeiniaid a'r Efengyl bob amser. Genesis 1.1 – 2.4a *gyda* Salm 136. 1-9, 23-26 Genesis 7. 1-5, 11-18; 8. 6-18; 9. 8-13 *gyda* Salm 46 Genesis 22. 1-18 *gyda* Salm 16 Exodus 14. 10-31; 15. 20-21 *yn arwain i mewn i Gantigl*: Exodus 15. 1b-6, 11-13, 17, 18 Eseia 55. 1-11 *gyda* Gantigl: Eseia 12. 2-6

Mewn gwasanaeth heb fod yn Gymun	Gellir defnyddio porffor tan Sul y Pasg	
TRYDYDD GWASANAETH	AIL WASANAETH	Nodiadau
Salm 42; 43 Exodus 11 Effesiaid 2. 11-18	Salm 39 Lefiticus 16. 2-24 Luc 23. 1-25	LGG 1984 tudalen 109. (†) Cyfarchiad Mair Forwyn Fendigaid. *Gweler 5 Ebrill,* tudalen *44.*

Gellir defnyddio du heddiw	Gellir defnyddio porffor tan Sul y Pasg	
TRYDYDD GWASANAETH	AIL WASANAETH	Nodiadau
Salm 69 Galarnad 5. 15-22 *Rhan o* Ioan 18.1 – 19.42 *pan na ddarllenwyd yn ystod y Prif Wasanaeth* *neu* Hebreaid 10. 1-10	Salm 130; 143 Genesis 22. 1-18 *Rhan o* Ioan 18.1 – 19.42 *pan na ddarllenwyd yn ystod y Prif Wasanaeth yn arbennig yn yr hwyr* *neu* Ioan 19. 38-42 *neu* Colosiaid 1. 18-23	LGG 1984 tudalen 112.

Gellir defnyddio porffor tan Sul y Pasg		
TRYDYDD GWASANAETH	AIL WASANAETH	Nodiadau
Salm 116 Job 19. 21-27 1 Ioan 5. 5-12	Salm 142 Hosea 6. 1-6 Ioan 2. 18-22	LGG 1984 tudalen 118.

GWYLNOS Y PASG *parhau*

Baruch 3. 9-15, 32 – 4.4 *neu* Diarhebion 8. 1-8, 19-21; 9. 4b-6 *gyda* Salm 19
Eseciel 36. 24-28 *gyda* Salm 42; 43
Eseciel 37. 1-14 *gyda* Salm 143
Seffaneia 3. 14-20 *gyda* Salm 98
Rhufeiniaid 6. 3-11 *gyda* Salm 114
a Blwyddyn A - Mathew 28. 1-10: **Blwyddyn B - Marc 16. 1-8:** Blwyddyn C - Luc 24. 1-12

DYDD Y PASG		
DYDDIAD	**COLECT AC ÔG**	**PRIF WASANAETH**
Dydd Sul 28 Mawrth	60 & 61	Actau 10. 34-43 *neu* Eseia 25. 6-9 Salm 118. [1, 2,] 14-24 1 Corinthiaid 15. 1-11 *neu* Actau 10. 34-43 Ioan 20. 1-18 *neu* Marc 16. 1-8
DARLLENIADAU'R HEN DESTAMENT AR GYFER Y SULIAU YN NHYMOR Y PASG Pan ddefnyddir darlleniad yr Hen Destament yn y Prif Wasanaeth yn Nhymor y Pasg, dylid defnyddio'r darlleniad o'r Actau fel darlleniad y Testament Newydd.		

Llun y Pasg 29 Mawrth (†)	Mawrth y Pasg 30 Mawrth	Mercher y Pasg 31 Mawrth
CYMUN DYDDIOL		
Colect ac ÔG 60 & 61 Actau 2. 14, 22-32 Salm 16. 1, 5-11 Mathew 28. 8-15	Colect ac ÔG 60 & 61 Actau 2. 14, 36-41 Salm 33. 1-5, 18-22 Ioan 20. 11-18	Colect ac ÔG 60 & 61 Actau 3. 1-10 Salm 105. 1-9 Luc 24. 13-35
Boreol Weddi		
Salm 111; [117; 146] Caniad Solomon 1.9 – 2.7 Marc 16. 1-8	Salm 112; [147.1-12] Caniad Solomon 2. 8-diw. Luc 24. 1-12	Salm 113; [147. 13-diw.] Caniad Solomon 3 Mathew 28. 16-diwedd
Hwyrol Weddi		
Salm 135 Exodus 12. 1-13 Corinthiaid 15. 1-11	Salm 136 Exodus 12. 14-36 1 Corinthiaid 15. 12-19	Salm 105 Exodus 12. 37-diwedd 1 Corinthiaid 15. 20-28

TRYDYDD GWASANAETH	**AIL WASANAETH**	**Nodiadau**
Salm 105 *neu* 66.1-12 Genesis 1. 1-5, 26-31 2 Corinthiaid 5.14 – 6.2	Salm 114; 117 Eseciel 37. 1-14 Luc 24. 13-35	LGG 1984 tudalen 121. Wythnos y Pasg: Colect 62. (†) Ar gyfer dathliadau dyddiau'r wythnos gweler tudalen 130.

Iau y Pasg 1 Ebrill	Gwener y Pasg 2 Ebrill	Sadwrn y Pasg 3 Ebrill
CYMUN DYDDIOL		
Colect ac ÔG 60 & 61 Actau 3. 11-26 Salm 8 *neu* 114 Luc 24. 36b-48	Colect ac ÔG 60 & 61 Actau 4. 1-12 Salm 116. 1-9 Ioan 21. 1-14	Colect ac ÔG 60 & 61 Actau 4. 13-21 Salm 118. 1-4, 22-29 Marc 16. 9-15
Boreol Weddi		
Salm 114, [148] Caniad Solomon 5.2 – 6.3 Luc 7. 11-17	Salm 115; [149] Caniad Solomon 7.10 – 8.4 Luc 8. 41-diwedd	Salm 116; [150] Caniad Solomon 8. 5-7 Ioan 11. 17-44
Hwyrol Weddi		
Salm 106 Exodus 13. 1-16 1 Corinthiaid 15. 29-34	Salm 107 Exodus 13.17 – 14.14 1 Corinthiaid 15. 35-50	Salm 145 Exodus 14. 15-diwedd 1 Corinthiaid 15. 51-diw.

AIL SUL Y PASG			
DYDDIAD	**COLECT AC ÔG**	**PRIF WASANAETH**	
Dydd Sul 4 Ebrill	63 & 64	*Naill ai:* Actau 4. 32-35 Salm 133 1 Ioan 1.1 – 2.2 Ioan 20. 19-31	*neu (gyda darlleniad HD):* Exodus 14. 10-31; 15. 20-21 Salm 133 Actau 4. 32-35 Ioan 20. 19-31

Cyfarchiad Mair Forwyn Fendigaid *(Symud o 25 Mawrth)* * Llun 5 Ebrill	Mawrth 6 Ebrill	† Brynach Mercher 7 Ebrill
CYMUN DYDDIOL		
Colect ac ÔG 177 & 8 Eseia 7. 10-14 Salm 45 *neu* 40. 5-10 Hebreaid 10. 4-10 Luc 1. 26-38	Colect ac ÔG 63 & 64 Actau 4. 32-37 Salm 93 Ioan 3. 7-15	Colect ac ÔG 63 & 64 Actau 5. 17-26 Salm 34. 1-8 Ioan 3. 16-21
Boreol Weddi		
Salm 111; 113 1 Samuel 2. 1-10 Rhufeiniaid 5. 12-21	Salm 8; [20; 21] Deuteronomium 1. 19-40 Ioan 20. 11-18	Salm [16;] 30 Deuteronomium 3. 18-diw. Ioan 20. 19-diwedd
Hwyrol Weddi		
Salm 131; 146 Eseia 52. 1-12 Hebreaid 2. 5-18	Salm 104 Exodus 15.22 – 16.10 Colosiaid 1. 15-diwedd	Salm 33 Exodus 16. 11-diwedd Colosiaid 2. 1-15

TRYDYDD GWASANAETH	**AIL WASANAETH**	**Nodiadau**
Salm 22. 20-32 Eseia 53. 6-12 Rhufeiniaid 4. 13-25	Salm 143. 1-11 Eseia 26. 1-9, 19 Luc 24. 1-12	LGG 1984 tudalen 129. * Am y darlleniadau a ddisodlwyd, gweler tudalen 116. † Ar gyfer dathliadau dyddiau'r wythnos gweler tudalen 130 & 131.
Hwyrol Weddi noswyl Y Cyfarchiad: Salm 85: Doethineb 9. 1-12 neu Genesis 3. 8-15: Galatiaid 4. 1-5		
DIOLCHGARWCH AM FEDYDD SANCTAIDD Gellir defnyddio'r darlleniadau yn y Cymun neu mewn gwasanaethau eraill. Gellir dathlu unrhyw bryd yn ystod Tymor y Pasg. Gweler tudalen 155.		

† Griffith Jones	† Saint, Merthyron a Chenhadon De America *neu* Dietrich Bonhoeffer	
Iau 8 Ebrill	Gwener 9 Ebrill	Sadwrn 10 Ebrill
CYMUN DYDDIOL		
Colect ac ÔG 63 & 64 Actau 5. 27-33 Salm 34. 15-22 Ioan 3. 31-36	Colect ac ÔG 63 & 64 Actau 5. 34-42 Salm 27. 1-6, 13, 14 Ioan 6. 1-15	Colect ac ÔG 63 & 64 Actau 6. 1-7 Salm 33. 1-5, 18-22 Ioan 6. 16-21
Boreol Weddi		
Salm 28; [29] Deuteronomium 4. 1-14 Ioan 21. 1-14	Salm [57;] 61 Deuteronomium 4. 15-31 Ioan 21. 15-19	Salm [63;] 84 Deuteronomium 4. 32-40 Ioan 21. 20-diwedd
Hwyrol Weddi		
Salm 34 Exodus 17 Colosiaid 2.16 – 3.11	Salm 118 Exodus 18. 1-12 Colosiaid 3.12 – 4.1	Salm 66 Exodus 18. 13-diwedd Colosiaid 4. 2-diwedd

TRYDYDD SUL Y PASG			
DYDDIAD	**COLECT AC ÔG**	**PRIF WASANAETH**	
Dydd Sul 11 Ebrill (†)	65 & 66	*Naill ai:* Actau 3. 12-19 Salm 4 1 Ioan 3. 1-7 Luc 24. 36b-48	*neu (gyda darlleniad HD)* Seffaneia 3. 14-20 Salm 4 Actau 3. 12-19 Luc 24. 36b-48

Llun 12 Ebrill	Mawrth 13 Ebrill	Mercher 14 Ebrill
CYMUN DYDDIOL		
Colect ac ÔG 65 & 66 Actau 6. 8-15 Salm 119. 161-168 Ioan 6. 22-29	Colect ac ÔG 65 & 66 Actau 7. 51 – 8.1a Salm 31. 1-5 Ioan 6. 30-35	Colect ac ÔG 65 & 66 Actau 8. 1b-8 Salm 66. 1-7 Ioan 6. 35-40
Boreol Weddi		
Salm 96; [97] Deuteronomium 5. 1-22 Effesiaid 1. 1-14	Salm 98; [99; 100] Deuteronomium 5. 22-diw. Effesiaid 1. 15-diwedd	Salm 105 Deuteronomium 6 Effesiaid 2. 1-10
Hwyrol Weddi		
Salm 61; [65] Exodus 19 Luc 1. 1-25	Salm 71 Exodus 20. 1-21 Luc 1. 26-38	Salm [67;] 72 Exodus 24 Luc 1. 39-56

TRYDYDD GWASANAETH	**AIL WASANAETH**	**Nodiadau**
Salm 77. 11-20 Eseia 63. 7-15 1 Corinthiaid 10. 1-13	Salm 142 Deuteronomium 7. 7-13 Datguddiad 2. 1-11 *Pan fo'r Ail Wasanaeth yn Gymun, defnyddir fel Efengyl:* Luc 16. 19-31	LGG 1984 tudalen 132. † Ar gyfer dathliadau dyddiau'r wythnos gweler tudalen 131.
DIOLCHGARWCH AM FEDYDD SANCTAIDD Gellir defnyddio'r darlleniadau yn y Cymun neu mewn gwasanaethau eraill. Gellir dathlu unrhyw bryd yn ystod Tymor y Pasg. Gweler tudalen 155.		

† Padarn		
Iau 15 Ebrill	Gwener 16 Ebrill	Sadwrn 17 Ebrill
CYMUN DYDDIOL		
Colect ac ÔG 65 & 66 Actau 8. 26-40 Salm 66. 8, 9, 16-20 Ioan 6. 44-51	Colect ac ÔG 65 & 66 Actau 9. 1-20 Salm 117 Ioan 6. 52-59	Colect ac ÔG 65 & 66 Actau 9. 31-42 Salm 116. 12-19 Ioan 6. 60-69
Boreol Weddi		
Salm 136 Deuteronomium 7. 1-11 Effesiaid 2. 11-diwedd	Salm 107 Deuteronomium 7. 12-diw. Effesiaid 3. 1-13	Salm [108;] 110; [111] Deuteronomium 8 Effesiaid 3. 14-diwedd
Hwyrol Weddi		
Salm 73 Exodus 25. 1-22 Luc 1. 57-diwedd	Salm 77 Exodus 28. 1-4a, 29-38 Luc 2. 1-20	Salm [23;] 27 Exodus 29. 1-9 Luc 2. 21-40

PEDWERYDD SUL Y PASG			
DYDDIAD	**COLECT AC ÔG**	**PRIF WASANAETH**	
Dydd Sul 18 Ebrill	67 & 68	*Naill ai:* Actau 4. 5-12 Salm 23 1 Ioan 3. 16-24 Ioan 10. 11-18	*neu (gyda darlleniad HD):* Genesis 7. 1-5, 11-18; 8. 6-18; 9. 8-13 Salm 23 Actau 4. 5-12 Ioan 10. 11-18

	† Beuno	† Anselm
Llun 19 Ebrill	Mawrth 20 Ebrill	Mercher 21 Ebrill
CYMUN DYDDIOL		
Colect ac ÔG 67 & 68 Actau 11. 1-18 Salm 43 Ioan 10. 1-10	Colect ac ÔG 67 & 68 Actau 11. 19-26 Salm 87 Ioan 10. 22-30	Colect ac ÔG 67 & 68 Actau 12, 24 – 13. 5a Salm 67 Ioan 12. 44-50
Boreol Weddi		
Salm 103 Deuteronomium 9. 1-21 Effesiaid 4. 1-16	Salm 139 Deuteron. 9.23 – 10.5 Effesiaid 4. 17-diwedd	Salm 135 Deuteron. 10. 12-diwedd Effesiaid 5. 1-14
Hwyrol Weddi		
Salm [112; 113;] 114 Exodus 32. 1-14 Luc 2. 41-diwedd	Salm [115;] 116 Exodus 32. 15-34 Luc 3. 1-14	Salm 47; [48] Exodus 33 Luc 3. 15-22

TRYDYDD GWASANAETH	AIL WASANAETH	Nodiadau
Salm 119. 89-96 Nehemeia 8. 1-12 Luc 24. 25-32	Salm 81. 8-16 Exodus 16. 4-15 Datguddiad 2. 12-17 *Pan fo'r Ail Wasanaeth yn Gymun, defnyddir fel Efengyl:* Ioan 6. 30-40	LGG 1984 tudalen 134. † Ar gyfer dathliadau dyddiau'r wythnos gweler tudalen 131 & 132.

DIOLCHGARWCH AM FEDYDD SANCTAIDD
Gellir defnyddio'r darlleniadau yn y Cymun neu mewn gwasanaethau eraill.
Gellir dathlu unrhyw bryd yn ystod Tymor y Pasg. Gweler tudalen 155.

	† Sior	
Iau 22 Ebrill	Gwener 23 Ebrill	Sadwrn 24 Ebrill
CYMUN DYDDIOL		
Colect ac ÔG 67 & 68 Actau 13. 13-25 Salm 89. 1, 2, 19-26 Ioan 13. 16-20	Colect ac ÔG 67 & 68 Actau 13. 26-33 Salm 2 Ioan 14. 1-7	Colect ac ÔG 67 & 68 Actau 13. 44-52 Salm 98 Ioan 14. 7-14
Boreol Weddi		
Salm 118 Deuteronomium 11. 8-diw. Effesiaid 5. 15-diwedd	Salm 33 Deuteronomium 12. 1-14 Effesiaid 6. 1-9	Salm 34 Deuteronomium 15. 1-18 Effesiaid 6. 10-diwedd
Hwyrol Weddi		
Salm [81;] 85 Exodus 34. 1-10, 27-diw. Luc 4. 1-13	Salm 36; [40] Exodus 35.20 – 36.7 Luc 4. 14-30	Salm 84; [86] Exodus 40. 17-diwedd Luc 4. 31-37

PUMED SUL Y PASG			
DYDDIAD	**COLECT AC ÔG**	**PRIF WASANAETH**	
Dydd Sul 25 Ebrill	69 & 70	*Naill ai:* Actau 8. 26-40 Salm 22. 25-31 1 Ioan 4. 7-21 Ioan 15. 1-8	*neu (gyda darlleniad HD):* Baruch 3. 9-15, 33 – 4.4 *neu* Genesis 22. 1-18 Salm 22. 25-31 Actau 8. 26-40 Ioan 15. 1-8

Marc, Efengylwr *(Symud o 25 Ebrill)* * Llun 26 Ebrill	Mawrth 27 Ebrill	Mercher 28 Ebrill
CYMUN DYDDIOL		
Colect ac ÔG 188 & 127 Diarhebion 15. 28-33 *neu* Actau 15. 35-41 Salm 119. 9-16 Effesiaid 4. 7-16 Marc 13. 5-13	Colect ac ÔG 69 & 70 Actau 14. 19-27 Salm 145. 10-13, 22 Ioan 14. 27-31a	Colect ac ÔG 69 & 70 Actau 15. 1-6 Salm 122 Ioan 15. 1-8
Boreol Weddi		
Salm 37. 23-40 Eseia 62. 6-10 *neu* Ecclesiasticus 51. 13-30 Actau 12.25 – 13.13	Salm 19; [147. 1-12] Deuteronomium 17. 8-diw. 1 Pedr 1. 13-diwedd	Salm 30; [147. 13-diw.] Deuteronomium 18. 9-diw. 1 Pedr 2. 1-10
Hwyrol Weddi		
Salm 45 Eseciel 1. 4-14 2 Timotheus 4. 1-11	Salm [96;] 97 Numeri 11. 1-33 Luc 5. 1-11	Salm [98;] 99; [100] Numeri 12 Luc 5. 12-26

TRYDYDD GWASANAETH	**AIL WASANAETH**	**Nodiadau**
Salm 44. 15-27 2 Macabeaid 7. 7-14 *neu* Daniel 3. 16-28 Hebreaid 11.32 – 12.2	Salm 96 Eseia 60. 1-14 Datguddiad 3. 1-13 *Pan fo'r Ail Wasanaeth yn Gymun, defnyddir fel Efengyl:* Marc 16. 9-16	LGG 1984 tudalen 137. * Am y darlleniadau a ddisodlwyd, gweler tudalen 116. † Ar gyfer dathliadau dyddiau'r wythnos gweler tudalen 132.
Diolchgarwch am Fedydd Sanctaidd Gweler tudalen 155.		
Hwyrol Weddi noswyl Marc: Salm 19: Eseia 52. 7-10: Marc 1. 1-15		

† Catrin *o* Siena		**Philip *ac* Iago, Apostolion**
Iau 29 Ebrill	**Gwener 30 Ebrill**	*** Sadwrn 1 Mai**
CYMUN DYDDIOL		
Colect ac ÔG 69 & 70 Actau 15. 7-21 Salm 96. 1-3, 10-13 Ioan 15. 9-11	Colect ac ÔG 69 & 70 Actau 15. 22-31 Salm 57. 5-11 Ioan 15. 12-17	Colect ac ÔG 190 & 110 Eseia 30. 15-21 Salm 119. 1-8 Effesiaid 1. 3-10 Ioan 14. 1-14
Boreol Weddi		
Salm 57; [148] Deuteronomium 19 1 Pedr 2. 11-diwedd	Salm 138; [149] Deuteron. 21.22 – 22.8 1 Pedr 3. 1-12	Salm 139 Diarhebion 4. 10-18 Iago 1. 1-12
Hwyrol Weddi		
Salm 104 Numeri 13. 1-3, 17-diwedd Luc 5. 27-diwedd	Salm 66 Numeri 14. 1-25 Luc 6. 1-11 ***... noswyl Philip ac Iago:***	Salm 149 Job 23. 1-12 Ioan 1. 43-51
Salm 25: Eseia 40. 27-31: Ioan 12. 20-26		

CHWECHED SUL Y PASG: SUL Y GWEDDÏAU			
DYDDIAD	**COLECT AC ÔG**	**PRIF WASANAETH**	
Dydd Sul 2 Mai (†)	71 & 72	*Naill ai:* Actau 10. 44-48 Salm 98 1 Ioan 5. 1-6 Ioan 15. 9-17	*neu (gyda darlleniad HD):* Eseia 55. 1-11 Salm 98 Actau 10. 44-48 Ioan 15. 9-17

† Henry Vaughan		† Asaff
Dyddiau Gweddi	Dyddiau Gweddi	Dyddiau Gweddi
Llun 3 Mai	Mawrth 4 Mai	Mercher 5 Mai
CYMUN DYDDIOL		
Colect ac ÔG 71 & 72 Actau 16. 11-15 Salm 149 Ioan 15.26 – 16.4a	Colect ac ÔG 71 & 72 Actau 16. 19b-34 Salm 138 Ioan 16. 4b-11	Colect ac ÔG 71 & 72 Actau 17. 15.22 – 18. 8 Salm 148 Ioan 16 12-20
Boreol Weddi		
Salm 65; [67] Deuteronomium 26 1 Pedr 4. 1-11	Salm [124; 125;] 126; [127] Deuteronomium 28. 1-14 1 Pedr 4. 12-diwedd	Salm 132; [133] Deuteron. 28. 58-diw. 1 Pedr 5
Hwyrol Weddi		*... noswyl Dydd Iau'r Dyrchafael:*
Salm 121; [122; 123] Numeri 16. 1-35 Luc 6. 27-38	Salm 128; [129; 130; 131] Numeri 16. 36-diwedd Luc 6. 39-diwedd	Salm 15; 24 2 Samuel 23. 1-5 Colosiaid 2.20 – 3.4

TRYDYDD GWASANAETH	AIL WASANAETH	Nodiadau
Salm 104. 26-32 Eseciel 47. 1-12 Ioan 21. 1-19	Salm 45 Caniad Sol 4.16 – 5.2; 8. 6, 7 Datguddiad 3. 14-22 *Pan fo'r Ail Wasanaeth yn Gymun, defnyddir fel Efengyl:* Luc 22. 24-30	LGG 1984 tudalen 140. † Ar gyfer dathliadau dyddiau'r wythnos gweler tudalen 132 & 133. Diolchgarwch am Fedydd Sanctaidd Gweler tudalen 155.

DYDD IAU'R DYRCHAFAEL *** Dylid defnyddio'r darlleniad o'r Actau fel y darlleniad cyntaf neu'r ail ddarlleniad.*	Weddi am ddoniau'r Ysbryd Glân yn dechrau. (Rhwng Dydd Iau'r Dyrchafael a'r Pentecost)	† Julian *o* Norwich
Iau 6 Mai	Gwener 7 Mai	Sadwrn 8 Mai
PRIF WASANAETH	CYMUN DYDDIOL	
Colect ac ÔG 73 & 74 ** Actau 1. 1-11 *neu* Daniel 7. 9-14 Salm 47 *neu* 93 Effesiaid 1. 15-23 *neu* ** Actau 1. 1-11 Luc 24. 44-53	Colect ac ÔG 71 & 72 Actau 18. 9-18 Salm 47. 1-5 Ioan 16. 20-24	Colect ac ÔG 71 & 72 Actau 18. 23-26 Salm 47. 1, 2, 6-11 Ioan 16. 23b-28
TRYDYDD GWASANAETH	Boreol Weddi	
Salm 110 Eseia 52. 7-15 Hebreaid 7. 11-28, [26-28]	Salm [20;] 81 Deuteronomium 29. 2-15 1 Ioan 1.1 – 2.6	Salm [21;] 47 Deuteronomium 30 1 Ioan 2. 7-17
AIL WASANAETH	Hwyrol Weddi	
Salm 8 Cân y Tri. 29-37 *neu* 2 Brenhinoedd 2. 1-15 Datguddiad 5 *Pan fo'r Ail Wasanaeth yn Gymun, defnyddir fel Efengyl:* Marc 16. 14-20	Salm 145 Numeri 20. 1-13 Luc 7. 11-17	Salm [84;] 85 Numeri 21. 4-9 Luc 7. 18-35

SEITHFED SUL Y PASG - Y Sul ar ôl Dydd Iau'r Dyrchafael			
DYDDIAD	**COLECT AC ÔG**	**PRIF WASANAETH**	
Dydd Sul 9 Mai (†)	75 & 76	*Naill ai:* Actau 1. 15-17, 21-26 Salm 1 1 Ioan 5 9-13 Ioan 17. 6-19	*neu (gyda darlleniad HD):* Eseciel 36. 24-28 Salm 1 Actau 1. 15-17, 21-26 Ioan 17. 6-19
Wythnos Cymorth Crisnogol			
Sul Gweinidogaeth a Galwad			

Weddi am ddoniau'r Ysbryd Glân *yn parhau* (Rhwng Dydd Iau'r Dyrchafael a'r Pentecost) ...

Llun 10 Mai	Mawrth 11 Mai	Mercher 12 Mai
CYMUN DYDDIOL		
Colect ac ÔG 75 & 76 Actau 19. 1-10 Salm 68. 1-6 Ioan 16. 29-33	Colect ac ÔG 75 & 76 Actau 20. 17-27 Salm 68. 7-20 Ioan 17. 1-11a	Colect ac ÔG 75 & 76 Actau 20. 28-38 Salm 68. 28-35 Ioan 17. 11b-19
Boreol Weddi		
Salm 93; [96; 97] Deuteronomium 31. 1-13 1 Ioan 2. 18-diwedd	Salm [98; 99;] 100 Deuteronomium 31. 14-29 1 Ioan 3. 1-10	Salm [2;] 29 Deuteron. 31.30 – 32.14 1 Ioan 3. 11-diwedd
Hwyrol Weddi		
Salm 18 Numeri 22. 1-35 Luc 7. 36-diwedd	Salm 68 Numeri 22.36 – 23.12 Luc 8. 1-15	Salm [36;] 46 Numeri 23. 13-diwedd Luc 8. 16-25

TRYDYDD GWASANAETH	AIL WASANAETH	Nodiadau
Salm 76 Eseia 14. 3-15 Datguddiad 14. 1-13	Salm 147. 1-11 Eseia 61. 1-11 Luc 4. 14-21	LGG 1984 tudalen 145. * Am y darlleniadau a ddisodlwyd, gweler tudalen 116.
† Ar gyfer dathliadau dyddiau'r wythnos gweler tudalen 133. Diolchgarwch am Fedydd Sanctaidd Gweler tudalen 155.		

... Weddi am ddoniau'r Ysbryd Glân *yn parhau*.

	Mathias, Apostol	† Edmwnd Prys *a* John Davies
Iau 13 Mai	* Gwener 14 Mai	Sadwrn 15 Mai
CYMUN DYDDIOL		
Colect ac ÔG 75 & 76 Actau 22. 30; 23. 6-11 Salm 16 Ioan 17. 20-26	Colect ac ÔG 196 & 110 Eseia 22. 15-25 Salm 15 Actau 1. 15-26 Ioan 15. 9-17 *neu* Actau 1. 15-26 Salm 15 1 Corinthiaid 4. 1-7 Ioan 15. 9-17	Colect ac ÔG 75 & 76 Actau 28. 16-20, 30, 31 Salm 11 Ioan 21. 20-25
Boreol Weddi		
Salm 24; [72] Deuteron. 32. 15-47 1 Ioan 4. 1-6	Salm 16 1 Samuel 2. 27-35 Actau 2. 37-47	Salm [42,] 43 Deuteron. 32. 48-diw.; 34 1 Ioan 5
Hwyrol Weddi		*... noswyl Pentecost (B)*
Salm 139 Numeri 24 Luc 8. 26-39 *... noswyl Mathias:* *Salm 147: Eseia 22. 15-22: Philipiaid 3.13b – 4.1*	Salm 80 1 Samuel 16. 1-13a Mathew 7. 15-27	Salm 48 Deuteronomium 16. 9-15 Ioan 7. 37-39

DYDD Y PENTECOST - Y Sulgwyn		
DYDDIAD	**COLECT AC ÔG**	**PRIF WASANAETH**
Dydd Sul 16 Mai	77 & 78	***Dylid defnyddio'r darlleniad o'r Actau fel y darlleniad cyntaf neu'r ail ddarlleniad.*** Actau 2. 1-21 *neu* Eseciel 37. 1-14 Salm 104. 24-34, 35b *neu* 104. 24-36 Rhufeiniaid 8. 22-27 *neu* Actau 2. 1-21 Ioan 15. 26-27; 16. 4b-15

		† Dunstan
Llun 17 Mai	**Mawrth 18 Mai**	**Mercher 19 Mai**
CYMUN DYDDIOL		
Colect ac ÔG 77 & 78 Ecclesiasticus 1. 1-10 Salm 93 Marc 9. 14-29	Colect ac ÔG 77 & 78 Ecclesiasticus 2. 1-11 Salm 37. 3-6, 26-28 Marc 9. 30-37	Colect ac ÔG 77 & 78 Ecclesiasticus 4. 11-19 Salm 119. 161-168 Marc 9. 38-41
Boreol Weddi		
Salm [123; 124; 125;] 126 2 Cronicl 17. 1-12 Rhufeiniaid 1. 1-17	Salm 132; [133] 2 Cronicl 18. 1-27 Rhufeiniaid 1. 18-diwedd	Salm 119. 153-diwedd 2 Cronicl 18.28 – *diw.* 19 Rhufeiniaid 2. 1-16
Hwyrol Weddi		
Salm 127; [128; 129] Josua 1 Luc 9. 18-27	Salm [134;] 135 Josua 2 Luc 9. 28-36	Salm 136 Josua 3 Luc 9. 37-50

TRYDYDD GWASANAETH	AIL WASANAETH	Nodiadau
Salm 145 Eseia 11. 1-9 *neu* Doethineb 7. 15-23, [24-27] 1 Corinthiaid 12. 4-13	Salm 139. 1-12, [13-18, 23, 24] Eseciel 36. 22-28 Actau 2. 22-38 *Pan fo'r Ail Wasanaeth yn Gymun, defnyddir fel Efengyl:* Ioan 20. 19-23	LGG 1984 tudalen 147. Ddyddiau'r wythnos ar ôl Dydd y Pentecost, defnyddiwch Colect 77. † Ar gyfer dathliadau dyddiau'r wythnos gweler tudalen 133.

Iau 20 Mai	Gwener 21 Mai	Sadwrn 22 Mai
CYMUN DYDDIOL		
Colect ac ÔG 77 & 78 Ecclesiasticus 5. 1-8 Salm 1 Marc 9. 42-50	Colect ac ÔG 77 & 78 Ecclesiasticus 6. 5-17 Salm 119. 17-24 Marc 10. 1-12	Colect ac ÔG 77 & 78 Ecclesiasticus 17. 1-15 Salm 103. 1-4, 13-18 Marc 10. 13-16
Boreol Weddi		
Salm 143; [146] 2 Cronicl 20. 1-23 Rhufeiniaid 2. 17-diwedd	Salm [142;] 144 2 Cronicl 22.10 – *diw.* 23 Rhufeiniaid 3. 1-20	Salm 147 2 Cronicl 24. 1-22 Rhufeiniaid 3. 21-diwedd
Hwyrol Weddi		
Salm 138; [140; 141] Josua 4.1 – 5.1 Luc 9. 51-diwedd	Salm 145 Josua 5. 2-diwedd Luc 10. 1-16	Salm 148; [149; 150] Josua 6. 1-20 Luc 10. 17-24
	... noswyl Sul y Drindod** (B):* ***Salm 97; 98: Eseia 40. 12-31: Marc 1. 1-13	

SUL Y DRINDOD		
DYDDIAD	**COLECT AC ÔG**	**PRIF WASANAETH**
Dydd Sul 23 Mai	81 & 82	Eseia 6. 1-8, [9, 10] Salm 29 Rhufeiniaid 8. 12-17 Ioan 3. 1-17
Sul y Cymundeb Anglicanaidd		

† Charles Wesley *a* John Wesley	† Beda	† Awstin
Llun 24 Mai	**Mawrth 25 Mai**	**Mercher 26 Mai**
CYMUN DYDDIOL		
Colect ac ÔG 81 & 82 Ecclesiasticus 17. 24-29 Salm 32. 1-7 Marc 10. 17-27	Colect ac ÔG 81 & 82 Ecclesiasticus 35. 1-12 Salm 50. 7-15 Marc 10. 28-31	Colect ac ÔG 81 & 82 Ecclesiasticus 36. 1, 2, 5, 6, 13-17 Salm 79. 8-13 Marc 10. 32-45
Boreol Weddi		
Salm 1; [2; 3] 2 Cronicl 26. 1-21 Rhufeiniaid 4. 1-12	Salm 5; [6; 8] 2 Cronicl 28 Rhufeiniaid 4. 13-diwedd	Salm 119. 1-32 2 Cronicl 29. 1-19 Rhufeiniaid 5. 1-11
Hwyrol Weddi		
Salm 4; [7] Josua 7. 1-15 Luc 10. 25-37	Salm 9; [10] Josua 7. 16-diwedd Luc 10. 38-diwedd	Salm 11; [12; 13] Josua 8. 1-29 Luc 11. 1-13 *... noswyl y Diolchgarwch:*
	Salm 110; 111: Exodus 16. 2-15: Ioan 6. 22-35	

TRYDYDD GWASANAETH	AIL WASANAETH	Nodiadau
Salm 33. 1-12 Diarhebion 8. 1-4, 22-31 2 Corinthiaid 13. [5-10,] 11-13	Salm 104. 1-9 Eseciel 1. 4-10, 22-28a Datguddiad 4. 1-11 *Pan fo'r Ail Wasanaeth yn Gymun, defnyddir fel Efengyl:* Marc 1. 1-13	LGG 1984 tudalen 154. * Am y darlleniadau a ddisodlwyd, gweler tudalen 116. † Ar gyfer dathliadau dyddiau'r wythnos gweler tudalen 134.

Dydd Diolchgarwch am y Cymun Bendigaid (Corpus Christi) * Iau 27 Mai	† Melangell Gwener 28 Mai	Sadwrn 29 Mai
	CYMUN DYDDIOL	
Colect ac ÔG 339 & 55 Genesis 14. 18-20 Salm 116. 12-19 1 Corinthiaid 11. 23-26, [27-29, 31-34a] Ioan 6. [47-50,] 51-58	Colect ac ÔG 81 & 82 Ecclesiasticus 44. 1-13 Salm 149. 1-5 Marc 11. 11-26	Colect ac ÔG 81 & 82 Ecclesiasticus 51. 11b-22 Salm 19. 7-14 Marc 11. 27-33
	Boreol Weddi	
Salm 147 Deuteronomium 8. 2-16 1 Corinthiaid 10. 1-17	Salm [17;] 19 2 Cronicl 30 Rhufeiniaid 6. 1-1	Salm [20; 21;] 23 2 Cronicl 32. 1-22 Rhufeiniaid 6. 15-diwedd
	Hwyrol Weddi	
Salm 23; 42; 43 Diarhebion 9. 1-5 Luc 9. 11-17	Salm 22 Josua 9. 3-26 Luc 11. 29-36	Salm 24; [25] Josua 10. 1-15 Luc 11. 37-diwedd

YR SUL CYNTAF *wedi'r* DRINDOD			(Priodau 4)
DYDDIAD	**COLECT AC ÔG**	**PRIF WASANAETH**	
Dydd Sul 30 Mai Sul y Cyfamod	83 & 84	*Parhaus:* 1 Samuel 3. 1-10, [11-20] Salm 139. 1-6, 13-18 2 Corinthiaid 4. 5-12 Marc 2.23 – 3.6	*neu Gysylltiedig:* Deuteronomium 5. 12-15 Salm 81. 1-10 2 Corinthiaid 4. 5-12 Marc 2.23 – 3.6

Ymweliad Mair Forwyn Fendigaid ag Elisabeth * Llun 31 Mai	† Iestyn Mawrth 1 Mehefin	† Blandina *a'i Chymdeithion* Mercher 2 Mehefin
CYMUN DYDDIOL		
Colect ac ÔG 204 & 8 Seffaneia 3. 14-18 Salm 113 Rhufeiniaid 12. 9-16 Luc 1. 39-49, [50-56]	Colect ac ÔG 83 & 84 Tobit 2. 9-14 Salm 112. 1, 2, 7-9 Marc 12. 13-17	Colect ac ÔG 83 & 84 Tobit 3. 1-11, 16, 17 Salm 25. 1-10 Marc 12. 18-27
Boreol Weddi		
Salm 85 1 Samuel 2. 1-10 Marc 3. 31-35	Salm [32;] 36 Cronicl 34. 1-18 Rhufeiniaid 7. 7-diwedd	Salm 34 2 Cronicl 34. 19-diwedd Rhufeiniaid 8. 1-11
Hwyrol Weddi		
Salm 122; 127; 128 Sechareia 2. 10-13 Ioan 3. 25-30	Salm 33 Josua 21.43 – 22.8 Luc 12. 13-21	Salm 119. 33-56 Josua 22. 9-diwedd Luc 12. 22-31

TRYDYDD GWASANAETH	**AIL WASANAETH**	**Nodiadau**
Salm 28; 32 **Deuteronomium 5. 1-21** **Actau 21. 17-39a**	**Salm 35 *neu* 35. 1-10** **Jeremeia 5. 1-19** **Rhufeiniaid 7. 7-25** *Pan fo'r Ail Wasanaeth yn Gymun, defnyddir fel Efengyl:* **Luc 7. 1-10**	**LGG 1984 tudalen 157.** *** Am y darlleniadau a ddisodlwyd, gweler tudalen 116.** **† Ar gyfer dathliadau dyddiau'r wythnos gweler tudalen 134 & 135.**
		Hwyrol Weddi noswyl yr Ymweliad: Salm 45: Caniad Solomon 2. 8-14: Luc 1. 26-38

† James Hannington Merthyron Uganda *a* Janani Luwum		**Dydd yr Amgylchfyd** **† Boniffas**
Iau 3 Mehefin	**Gwener 4 Mehefin**	**Sadwrn 5 Mehefin**
	CYMUN DYDDIOL	
Colect ac ÔG 83 & 84 **Tobit 6. 9-11; 7. 1-15; 8. 4-8** **Salm 128** **Marc 12. 28-34**	**Colect ac ÔG 83 & 84** **Tobit 11. 5-15** **Salm 146** **Marc 12. 35-37**	**Colect ac ÔG 83 & 84** **Tobit 12. 1, 5-15, 20** **Salm 65. 1-4** **Marc 12. 38-44**
	Boreol Weddi	
Salm 37 **2 Cronicl 35. 1-19** **Rhufeiniaid 8. 12-17**	**Salm 31** **2 Cronicl 35.20 – 36.10** **Rhufeiniaid 8. 18-30**	**Salm [41;] 42; [43]** **2 Cronicl 36. 11-diwedd** **Rhufeiniaid 8. 31-diwedd**
	Hwyrol Weddi	
Salm [39;] 40 **Josua 23** **Luc 12. 32-40**	**Salm 35** **Josua 24. 1-28** **Luc 12. 41-48**	**Salm [45;] 46** **Josua 24. 29-diwedd** **Luc 12. 49-diwedd**

YR AIL SUL *wedi'r* DRINDOD			(Priodau 5)
DYDDIAD	**COLECT AC ÔG**	**PRIF WASANAETH**	
Dydd Sul 6 Mehefin	**85 & 86**	***Parhaus:*** **1 Samuel 8. 4-11, [12-15,] 16-20; [11. 14, 15]** **Salm 138** **2 Corinthiaid 4.13 – 5.1** **Marc 3. 20-35**	***neu Gysylltiedig:*** **Genesis 3. 8-15** **Salm 130** **2 Corinthiaid 4.13 – 5.1** **Marc 3. 20-35**

		† Columba
Llun 7 Mehefin	**Mawrth 8 Mehefin**	**Mercher 9 Mehefin**
	CYMUN DYDDIOL	
Colect ac ÔG 85 & 86 **2 Corinthiaid 1.1-7** **Salm 34. 1-8** **Mathew 5. 1-12**	**Colect ac ÔG 85 & 86** **2 Corinthiaid 1. 18-22** **Salm 119. 129-136** **Mathew 5. 13-16**	**Colect ac ÔG 85 & 86** **2 Corinthiaid 3. 4-11** **Salm 99** **Mathew 5. 17-19**
	Boreol Weddi	
Salm 44 **Esra 1** **Rhufeiniaid 9. 1-18**	**Salm 48; [52]** **Esra 3** **Rhufeiniaid 9. 19-diwedd**	**Salm 119. 57-80** **Esra 4. 1-5** **Rhufeiniaid 10. 1-10**
	Hwyrol Weddi	
Salm 47; [49] **Barnwyr 2** **Luc 13. 1-9**	**Salm 50** **Barnwyr 4. 1-23** **Luc 13. 10-21**	**Salm 59; [60; 67]** **Barnwyr 5** **Luc 13. 22-diwedd**

TRYDYDD GWASANAETH	AIL WASANAETH	Nodiadau
Salm 36 Deuteronomium 6. 10-25 Actau 22.22 – 23.11	Salm 37. 1-11, [12-14] Jeremeia 6. 16-21 Rhufeiniaid 9. 1-13 *Pan fo'r Ail Wasanaeth yn Gymun, defnyddir fel Efengyl:* Luc 7. 11-17	LGG 1984 tudalen 160. * Am y darlleniadau a ddisodlwyd, gweler tudalen 117. † Ar gyfer dathliadau dyddiau'r wythnos gweler tudalen 135.

† Effrem y Syriad Iau 10 Mehefin	Barnabas, Apostol * Gwener 11 Mehefin	Sadwrn 12 Mehefin
CYMUN DYDDIOL		
Colect ac ÔG 85 & 86 2 Corinthiaid 3. 4-11 Salm 99 Mathew 5. 17-19	Colect ac ÔG 211 & 110 Job 29. 11-16 Salm 112 Actau 11. 19-30 Ioan 15. 12-17 *neu* Actau 11. 19-30 Salm 112 Galatiaid 2. 1-10 Ioan 15. 12-17	Colect ac ÔG 85 & 86 2 Corinthiaid 5. 14-21 Salm 103. 1-12 Mathew 5. 33-37
Boreol Weddi		
Salm [56;] 57; [63] Esra 4. 7-diwedd Rhufeiniaid 10. 11-diw.	Salm 100; 101 Jeremeia 9. 23, 24 Actau 4. 32-37	Salm 68 Esra 6 Rhufeiniaid 11. 13-24
Hwyrol Weddi		
Salm [61;] 62; [64] Barnwyr 6. 1-24 Luc 14. 1-11 *... noswyl Barnabas:*	Salm 147 Pregethwr 12. 9-14 *neu* Tobit 4. 5-11 Actau 9. 26-31	Salm [65;] 66 Barnwyr 7 Luc 14. 25-diwedd
Salm 1; 15: Eseia 42. 5-12: Actau 14. 8-28		

Y TRYDYDD SUL *wedi'r* DRINDOD			(Priodau 6)
DYDDIAD	**COLECT AC ÔG**	**PRIF WASANAETH**	
Dydd Sul 13 Mehefin	**87 & 88**	***Parhaus:*** **1 Samuel 15.34 - 16.13** **Salm 20** **2 Corinthiaid 5. 6-10, [11-13,] 14-17** **Marc 4. 26-34**	***neu Gysylltiedig:*** **Eseciel 17. 22-24** **Salm 92. 1-4, 12-15 *neu* 92. 1-8** **2 Corinthiaid 5. 6-10, [11-13,] 14-17** **Marc 4. 26-34**

† Basil Fawr		† Richard
Llun 14 Mehefin	**Mawrth 15 Mehefin**	**Mercher 16 Mehefin**
CYMUN DYDDIOL		
Colect ac ÔG 87 & 88 **2 Corinthiaid 6. 1-10** **Salm 98** **Mathew 5. 38-42**	**Colect ac ÔG 87 & 88** **2 Corinthiaid 8. 1-9** **Salm 146** **Mathew 5. 43-48**	**Colect ac ÔG 87 & 88** **2 Corinthiaid 9. 6-11** **Salm 112. 1-9** **Mathew 6. 1-6. 16-18**
Boreol Weddi		
Salm 71 **Esra 7** **Rhufeiniaid 11. 25-diwedd**	**Salm 73** **Esra 8. 15-diwedd** **Rhufeiniaid 12. 1-8**	**Salm 77** **Esra 9** **Rhufeiniaid 12. 9-diwedd**
Hwyrol Weddi		
Salm 72; [75] **Barnwyr 8. 22-diwedd** **Luc 15. 1-10**	**Salm 74** **Barnwyr 9. 1-21** **Luc 15. 11-diwedd**	**Salm 119. 81-104** **Barnwyr 9. 22-diwedd** **Luc 16. 1-18**

TRYDYDD GWASANAETH	**AIL WASANAETH**	**Nodiadau**
Salm 42; 43 **Deuteronomium 10. 12 – 11.1** **Actau 23. 12-35**	**Salm 39** **Jeremeia 7. 1-16** **Rhufeiniaid 9. 14-26** *Pan fo'r Ail Wasanaeth yn Gymun, defnyddir fel Efengyl:* **Luc 7.36 – 8.3**	**LGG 1984 tudalen 162.** **† Ar gyfer dathliadau dyddiau'r wythnos gweler tudalen 136.**

Iau 17 Mehefin	**Gwener 18 Mehefin**	**Sadwrn 19 Mehefin**
CYMUN DYDDIOL		
Colect ac ÔG 87 & 88 **2 Corinthiaid 11. 1-11** **Salm 111** **Mathew 6. 7-15**	**Colect ac ÔG 87 & 88** **2 Corin. 11. 18, 21b-30** **Salm 34 1-6** **Mathew 6. 19-23**	**Colect ac ÔG 87 & 88** **2 Corinthiaid 12. 1-10** **Salm 34. 7-14** **Mathew 6. 24-34**
Boreol Weddi		
Salm 78. 1-39 **Esra 10. 1-17** **Rhufeiniaid 13. 1-7**	**Salm 55** **Nehemeia 1** **Rhufeiniaid 13. 8-diwedd**	**Salm 76; [79]** **Nehemeia 2** **Rhufeiniaid 14. 1-12**
Hwyrol Weddi		
Salm 78. 40-diwedd **Barnwyr 11. 1-11** **Luc 16. 19-diwedd**	**Salm 69** **Barnwyr 11. 29-diwedd** **Luc 17. 1-10**	**Salm [81;] 84** **Barnwyr 12. 1-7** **Luc 17. 11-19**

Y PEDWERYDD SUL *wedi'r* DRINDOD			(Priodau 7)
DYDDIAD	**COLECT AC ÔG**	**PRIF WASANAETH**	
Dydd Sul 20 Mehefin (†)	**89 & 90**	*Parhaus:* **1 Samuel 17. [1a, 4-11, 19-23,] 32-49** **Salm 9. 9-20** *neu* **1 Samuel 17.57 – 18.5, 10-16** **Salm 133**	*neu Gysylltiedig:* **Job 38. 1-11** **Salm 107. [1-3,] 23-32** **2 Corinthiaid 6. 1-13** **Marc 4. 35-41**
Dydd y Ffoaduriaid		**2 Corinthiaid 6. 1-13** **Marc 4. 35-41**	

		Dydd Catgor
Llun 21 Mehefin	**Mawrth 22 Mehefin**	**Mercher 23 Mehefin**
	CYMUN DYDDIOL	
Colect ac ÔG 89 & 90 Genesis 12. 1-9 Salm 33. 12-22 Mathew 7. 1-5	Colect ac ÔG 89 & 90 Genesis 13. 2, 5-18 Salm 15 Mathew 7. 6, 12-14	Colect ac ÔG 351 & 352 Set Catgor 1, 2 *neu* 3 Gweler tudalen 154.
	Boreol Weddi	
Salm 80; [82] Nehemeia 4 Rhufeiniaid 14. 13-diwedd	Salm [87;] 89. 1-18 Nehemeia 5 Rhufeiniaid 15. 1-13	Salm 119. 105-128 Nehemeia 6.1 – 7.4 Rhufeiniaid 15. 14-21
	Hwyrol Weddi	
Salm [85;] 86 Barnwyr 13. 1-24 Luc 17. 20-diwedd	Salm 89. 19-diwedd Barnwyr 14 Luc 18. 1-14	Salm 91; [93] Barnwyr 15.1 – 16.3 Luc 18. 15-30 *... noswyl Ioan Fedyddiwr:*
	Salm 71: Barnwyr 13. 2-7, 24, 25: Luc 1. 5-25	

TRYDYDD GWASANAETH	AIL WASANAETH	Nodiadau
Salm 49 Deuteronomium 11. 1-15 Actau 27. 1-12	Salm 49 Jeremeia 10. 1-16 Rhufeiniaid 11. 25-36 *Pan fo'r Ail Wasanaeth yn Gymun, defnyddir fel Efengyl:* Luc 8. 26-39	LGG 1984 tudalen 165. * Am y darlleniadau a ddisodlwyd, gweler tudalen 117. († Ar gyfer dathliadau dyddiau'r wythnos gweler tudalen 136.)

Genedigaeth Ioan Fedyddiwr * Iau 24 Mehefin	Dydd Catgor Gwener 25 Mehefin	Dydd Catgor Sadwrn 26 Mehefin
CYMUN DYDDIOL		
Colect ac ÔG 215 & 5 Eseia 40. 1-11 Salm 85. 5-12 Actau 13. 14b-2 *neu* Galatiaid 3. 23-29 Luc 1. 57-66, 8	Colect ac ÔG 351 & 352 Set Catgor 1, 2 *neu* 3 Gweler tudalen 154.	Colect ac ÔG 351 & 352 Set Catgor 1, 2 *neu* 3 Gweler tudalen 154.
Boreol Weddi		
Salm 50 Ecclesiasticus 48. 1-10 *neu* Malachi 3. 1-6 Luc 3. 1-17	Salm 88; [95] Nehemeia 9. 1-23 Rhufeiniaid 16. 1-16	Salm [96;] 97; [100] Nehemeia 9. 24-diwedd Rhufeiniaid 16. 17-diw.
Hwyrol Weddi		
Salm 80; 82 Malachi 4 Mathew 11. 2-19	Salm 102 Barnwyr 17 Luc 19. 1-10	Salm 104 Barnwyr 18. 1-20, 27-diw. Luc 19. 11-27

Y PUMED SUL *wedi'r* DRINDOD		(Priodau 8)	
DYDDIAD	COLECT AC ÔG	PRIF WASANAETH	
Dydd Sul 27 Mehefin	91 & 92	*Parhaus:* 2 Samuel 1. 1, 17-27 Salm 130 2 Corinthiaid 8. 7-15 Marc 5. 21-43	*neu Gysylltiedig:* Doethineb 1. 13-15; 2. 23-24 * Salm 30 * 2 Corinthiaid 8. 7-15 Marc 5. 21-43
		** Gellir defnyddio Galarnad 3.23-33 fel y darlleniad cynfat new Cantigl yn lle'r Salm.*	

† Irenæus	Pedr, Apostol *neu* Pedr *a* Paul, Apostolion	† Merthyrdod Paul
Llun 28 Mehefin	* Mawrth 29 Mehefin	Mercher 30 Mehefin
	CYMUN DYDDIOL	
Colect ac ÔG 91 & 92 Genesis 18. 16-33 Salm 103. 1-10 Mathew 8. 18-22	Pedr *neu* Pedr a Paul: *Am restr lawn o Ddarlleniadau at Wasanaeth y Cymun gweler tudalen 137.*	Colect ac ÔG 91 & 92 Genesis 21. 5, 8-20 Salm 34. 1-8 Mathew 8. 28-34
	Boreol Weddi	
Salm 98; [99; 101] Nehemeia 12. 27-47 2 Corinthiaid 1. 1-14	Salm 71 Eseia 49. 1-6 Actau 11. 1-18	Salm [110;] 111; [112] Nehemeia 13. 15-diwedd 2 Corinthiaid 2. 5-diwedd
	Hwyrol Weddi	
Salm [103;] 105 1 Samuel 1. 1-20 Luc 19. 28-40	Salm 124; 138 Eseciel 34. 11-16 Ioan 21. 15-22	Salm 119. 129-152 1 Samuel 2. 12-26 Luc 20. 1-8
Hwyrol Weddi noswyl Pedr neu Pedr a Paul: Am restr lawn o Ddarlleniadau gweler tudalen 136.		

TRYDYDD GWASANAETH	AIL WASANAETH	Nodiadau
Salm 56 Deuteronomium 15. 1-11 Actau 27. [13-32,] 33-44	Salm [52;] 53 Jeremeia 11. 1-14 Rhufeiniaid 13. 1-10 *Pan fo'r Ail Wasanaeth yn Gymun, defnyddir fel Efengyl:* Luc 9. 51-62	LGG 1984 tudalen 167. * Am y darlleniadau a ddisodlwyd, gweler tudalen 117. † Ar gyfer dathliadau dyddiau'r wythnos gweler tudalen 136 & 137.

† Euddogwy		Thomas, Apostol
Iau 1 Gorffennaf	Gwener 2 Gorffennaf	* Sadwrn 3 Gorffennaf
CYMUN DYDDIOL		
Colect ac ÔG 91 & 92 Genesis 22. 1-14 Salm 116. 1-9 Mathew 9. 1-8	Colect ac ÔG 91 & 92 Genesis 23. 1-4, 19; 24. 1-8, 62-67 Salm 106. 1-5 Mathew 9. 9-13	Colect ac ÔG 221 & 110 Habacuc 2. 1-4 Salm 31. 1-5 Effesiaid 2. 19-22 Ioan 20. 24-29, [30, 31]
Boreol Weddi		
Salm [113;] 115 Esther 1 2 Corinthiaid 3	Salm 139 Esther 2 2 Corinthiaid 4	Salm 92; 146 2 Samuel 15. 17-21 *neu* Ecclesiasticus 2 Ioan 11. 1-16
Hwyrol Weddi		
Salm [114;] 116; [117] 1 Samuel 2. 27-diwedd Luc 20. 9-19	Salm 130; [131; 137] 1 Samuel 3.1 – 4.1a Luc 20. 20-26 *... noswyl Thomos:*	Salm 139 Job 42. 1-6 1 Pedr 1. 3-12
Salm 27: Eseia 35: Hebreaid 10.35 – 11.1		

Y CHWECHED SUL *wedi'r* DRINDOD			(Priodau 9)
DYDDIAD	COLECT AC ÔG	PRIF WASANAETH	
Dydd Sul 4 Gorffennaf (†)	93 & 94	*Parhaus:* 2 Samuel 5. 1-5, 9-10 Salm 48 2 Corinthiaid 12. 2-10 Marc 6. 1-13	*neu Gysylltiedig:* Eseciel 2. 1-5 Salm 123 2 Corinthiaid 12. 2-10 Marc 6. 1-13

	† Thomas More	
Llun 5 Gorffennaf	Mawrth 6 Gorffennaf	Mercher 7 Gorffennaf
	CYMUN DYDDIOL	
Colect ac ÔG 93 & 94 Genesis 28. 10-22 Salm 91. 1-6, 14-16 Mathew 9. 18-26	Colect ac ÔG 93 & 94 Genesis 32. 22-32 Salm 17. 1-8 Mathew 9. 32-38	Colect ac ÔG 93 & 94 Genesis 41. 55-57; 42. 5-7a, 17-24a Salm 33. 1-5, 18-22 Mathew 10. 1-7
	Boreol Weddi	
Salm [123; 124; 125;] 126 Esther 4 2 Corinthiaid 6.1 – 7.1	Salm 132; [133] Esther 5 2 Corinthiaid 7. 2-diwedd	Salm 119. 153-diwedd Esther 6. 1-13 2 Corinthiaid 8. 1-15
	Hwyrol Weddi	
Salm 127; [128; 129] 1 Samuel 5 Luc 20.41 – 21.4	Salm [134;] 135 1 Samuel 6. 1-16 Luc 21. 5-19	Salm 136 1 Samuel 7 Luc 21. 20-28

TRYDYDD GWASANAETH	**AIL WASANAETH**	**Nodiadau**
Salm 57 **Deuteronomium 24. 10-22** **Actau 28. 1-16**	**Salm [63;] 64** **Jeremeia 20. 1-11a** **Rhufeiniaid 14. 1-17** *Pan fo'r Ail Wasanaeth yn Gymun, defnyddir fel Efengyl:* **Luc 10. 1-11, 16-20**	**LGG 1984 tudalen 170.** **† Ar gyfer dathliadau dyddiau'r wythnos gweler tudalen 138.**

Iau 8 Gorffennaf	Gwener 9 Gorffennaf	Sadwrn 10 Gorffennaf
CYMUN DYDDIOL		
Colect ac ÔG 93 & 94 **Genesis 44.18 – 45.5** **Salm 105. 7-22** **Mathew 10. 7-15**	**Colect ac ÔG 93 & 94** **Genesis 46. 1-7, 28-30** **Salm 37. 3-6, 18-24** **Mathew 10. 16-23**	**Colect ac ÔG 93 & 94** **Genesis 49. 29-33** **Salm 105. 1-7** **Mathew 10. 24-33**
Boreol Weddi		
Salm 143; [146] **Esther 6.14 – *diwedd* 7** **2 Corinthiaid 8.16 – 9.5**	**Salm [142;] 144** **Esther 8** **2 Corinthiaid 9. 6-diwedd**	**Salm 147** **Esther 9. 20-28** **2 Corinthiaid 10**
Hwyrol Weddi		
Salm 138; [140; 141] **1 Samuel 8** **Luc 21. 29-diwedd**	**Salm 145** **1 Samuel 9. 1-14** **Luc 22. 1-13**	**Salm 148; [149; 150]** **1 Samuel 9.15 – 10.1** **Luc 22. 14-23**

Y SEITHFED SUL *wedi'r* DRINDOD			(Priodau 10)
DYDDIAD	COLECT AC ÔG	PRIF WASANAETH	
Dydd Sul 11 Gorffennaf (†)	95 & 96	*Parhaus:* 2 Samuel 6. 1-5, 12b-19 Salm 24 Effesiaid 1. 3-14 Marc 6. 14-29	*neu Gysylltiedig:* Amos 7. 7-15 Salm 85. 8-13 Effesiaid 1. 3-14 Marc 6. 14-29
Sul y Môr			

		† John Keble
Llun 12 Gorffennaf	Mawrth 13 Gorffennaf	Mercher 14 Gorffennaf
	CYMUN DYDDIOL	
Colect ac ÔG 95 & 96 Exodus 1. 8-14, 22 Salm 124 Mathew 10.34 – 11.1	Colect ac ÔG 95 & 96 Exodus 2. 1-15 Salm 69. 1, 2, 32-36 Mathew 11. 20-24	Colect ac ÔG 95 & 96 Exodus 3. 1-12 Salm 103. 1-7 Mathew 11. 25-27
	Boreol Weddi	
Salm 1; [2; 3] Jeremeia 26 2 Corinthiaid 11. 1-15	Salm 5; [6; 8] Jeremeia 28 2 Corinthiaid 11. 16-diw.	Salm 119. 1-32 Jeremeia 29. 1-14 2 Corinthiaid 12
	Hwyrol Weddi	
Salm 4; [7] 1 Samuel 10. 1-16 Luc 22. 24-30	Salm 9; [10] 1 Samuel 10. 17-diwedd Luc 22. 31-38	Salm 11; [12; 13] 1 Samuel 11 Luc 22. 39-46

TRYDYDD GWASANAETH	AIL WASANAETH	Nodiadau
Salm 65 Deuteronomium 28. 1-14 Actau 28. 17-30	Salm 66 *neu* 66. 1-9 Job 4. 1; 5. 6-27 *neu* Ecclesiasticus 4. 11-31 Rhufeiniaid 15. 14-29 *Pan fo'r Ail Wasanaeth yn Gymun, defnyddir fel Efengyl:* Luc 10. 25-37	LGG 1984 tudalen 172. † Ar gyfer dathliadau dyddiau'r wythnos gweler tudalen 138.

Iau 15 Gorffennaf	Gwener 16 Gorffennaf	Sadwrn 17 Gorffennaf
CYMUN DYDDIOL		
Colect ac ÔG 95 & 96 Exodus 3. 13-20 Salm 105. 1-15 Mathew 11. 28-30	Colect ac ÔG 95 & 96 Exodus 11.10 – 12.14 Salm 116. 12-19 Mathew 12. 1-8	Colect ac ÔG 95 & 96 Exodus 12. 37-42 Salm 136. 1-3, 10-15 Mathew 12. 14-21
Boreol Weddi		
Salm [14;] 15; [16] Jeremeia 30. 1-11 2 Corinthiaid 13	Salm [17;] 19 Jeremeia 30. 12-22 Iago 1. 1-11	Salm [20; 21;] 23 Jeremeia 31. 1-22 Iago 1. 12-diwedd
Hwyrol Weddi		
Salm 18 1 Samuel 12 Luc 22. 47-62	Salm 22 1 Samuel 13. 5-18 Luc 22. 63-diwedd	Salm 24; [25] 1 Samuel 13.19 – 14.15 Luc 23. 1-12

Y WYTHFED SUL *wedi'r* DRINDOD			(Priodau 11)
DYDDIAD	**COLECT AC ÔG**	**PRIF WASANAETH**	
Dydd Sul 18 Gorffennaf (†)	97 & 98	*Parhaus:* 2 Samuel 7. 1-14a Salm 89. 20-37 Effesiaid 2. 11-22 Marc 6. 30-34, 53-56	*neu Gysylltiedig:* Jeremeia 23. 1-6 Salm 23 Effesiaid 2. 11-22 Marc 6. 30-34, 53-56

† Gregor		† Howell Harris
Llun 19 Gorffennaf	**Mawrth 20 Gorffennaf**	**Mercher 21 Gorffennaf**
CYMUN DYDDIOL		
Colect ac ÔG 97 & 98 Exodus 14. 5-18 Salm 114 Mathew 12. 38-42	Colect ac ÔG 97 & 98 Exodus 14.21 – 15.1 Salm 114 Mathew 12. 46-50	Colect ac ÔG 97 & 98 Exodus 16. 1-5, 9-15 Salm 78. 18-29 Mathew 13. 1-9
Boreol Weddi		
Salm [27;] 30 Jeremeia 31. 23-25, 27-37 Iago 2. 1-13	Salm [32;] 36 Jeremeia 32. 1-15 Iago 2. 14-diwedd	Salm 34 Jeremeia 33. 1-13 Iago 3
Hwyrol Weddi		
Salm [26;] 28; [29] 1 Samuel 14. 24-46 Luc 23. 13-25	Salm 33 1 Samuel 15. 1-23 Luc 23. 26-43	Salm 119. 33-56 1 Samuel 16 Luc 23. 44-56a
	... noswyl Mair Magdalen: *Salm 139: Eseia 25. 1-9: 2 Corinthiaid 1. 3-7*	

TRYDYDD GWASANAETH	**AIL WASANAETH**	**Nodiadau**
Salm 67; 70 **Deuteronomium 30. 1-10** **1 Pedr 3. 8-18**	**Salm 73 *neu* 73. 21-28** **Job 13.13 – 14.6 *neu* Ecclesiasticus 18. 1-14** **Hebreaid 2. 5-18** *Pan fo'r Ail Wasanaeth yn Gymun, defnyddir fel Efengyl:* **Luc 10. 38-42**	**LGG 1984 tudalen 174.** *** Am y darlleniadau a ddisodlwyd, gweler tudalen 117.** **† Ar gyfer dathliadau dyddiau'r wythnos gweler tudalen 138 & 139.**

Mair Magdalene *** Iau 22 Gorffennaf**	**† Ffraid *o* Sweden** **Gwener 23 Gorffennaf**	**Sadwrn 24 Gorffennaf**
CYMUN DYDDIOL		
Colect ac ÔG 229 & 90 Caniad Solomon 3. 1-4 Salm 42. 1-8 2 Corinthiaid 5. 14-17 Ioan 20. 1, 2, 11-18	**Colect ac ÔG 97 & 98** **Exodus 20. 1-17** **Salm 19. 7-10** **Mathew 13. 18-23**	**Colect ac ÔG 97 & 98** **Exodus 24. 3-8** **Salm 50. 1-15** **Mathew 13. 24-30**
Boreol Weddi		
Salm 63 Seffaneia 3. 14-20 Marc 15.40 – 16.7	Salm 31 Jeremeia 35 Iago 4.13 – 5.6	Salm [41;] 42; [43] Jeremeia 36. 1-18 Iago 5. 7-diwedd
Hwyrol Weddi		
Salm 30; 32 1 Samuel 16. 14-23 Luc 8. 1-3	Salm 35 1 Samuel 17. 31-54 Luc 24. 13-35	Salm [45;] 46 1 Samuel 17.55 – 18.16 Luc 24. 36-diwedd
	... noswyl Iago: Salm 144: Deuteronomium 30. 11-20: Marc 5. 21-43	

IAGO, APOSTOL			
DYDDIAD	COLECT AC ÔG	PRIF WASANAETH	
Dydd Sul 25 Gorffennaf	230 & 110	*Naill ai:* Jeremeia 45 Salm 126 Actau 11.27 – 12.2 Mathew 20. 20-28	*neu:* Actau 11.27 – 12.2 Salm 126 2 Corinthiaid 4. 7-15 Mathew 20. 20-28

† Ann *a* Joachim	† Martha, Mair *a* Lasarus *o* Fethania	† Samson
Llun 26 Gorffennaf	Mawrth 27 Gorffennaf	Mercher 28 Gorffennaf
CYMUN DYDDIOL		
Colect ac ÔG 99 & 100 Exodus 32. 15-24, 30-34 Salm 106. 19-23 Mathew 13. 31-35	Colect ac ÔG 99 & 100 Exodus 33. 7-11; 34. 5-10, 27, 28 Salm 103. 1-13 Mathew 13. 36-43	Colect ac ÔG 99 & 100 Exodus 34. 29-35 Salm 99 Mathew 13. 44-46
Boreol Weddi		
Salm 44 Jeremeia 36. 19-diwedd Marc 1. 1-13	Salm 48; [52] Jeremeia 37 Marc 1. 14-20	Salm 119. 57-80 Jeremeia 38. 1-13 Marc 1. 21-28
Hwyrol Weddi		
Salm 47; [49] 1 Samuel 19. 1-18 Actau 1. 1-14	Salm 50 1 Samuel 20. 1-17 Actau 1. 15-diwedd	Salm 59; [60; 67] 1 Samuel 20. 18-diwedd Actau 2. 1-21

TRYDYDD GWASANAETH	**AIL WASANAETH**	**Nodiadau**
Salm 7; 29 2 Brenhinoedd 1. 9-15 Luc 9. 46-56	Salm 94 Jeremeia 26. 1-15 Marc 1. 14-20	LGG 1984 tudalen 260. † Ar gyfer dathliadau dyddiau'r wythnos gweler tudalen 139 & 140.

† William Wilberforce, Josephine Butler *a* phob Diwygiwr Cymdeithasol	† Silas	† Joseff *o* Arimathea † Ignatius *o* Loyola
Iau 29 Gorffennaf	**Gwener 30 Gorffennaf**	**Sadwrn 31 Gorffennaf**
CYMUN DYDDIOL		
Colect ac ÔG 99 & 100 Exodus 40. 16-21, 34-38 Salm 84 Mathew 13. 47-53	Colect ac ÔG 99 & 100 Lefiticus 23. 1-11, 26-38 Salm 81. 1-10 Mathew 13. 54-58	Colect ac ÔG 99 & 100 Lefiticus 25. 1, 8-17 Salm 67 Mathew 14. 1-12
Boreol Weddi		
Salm [56;] 57; [63] Jeremeia 38. 14-diwedd Marc 1. 29-diwedd	Salm 51; [54] Jeremeia 39 Marc 2. 1-12	Salm 68 Jeremeia 40 Marc 2. 13-22
Hwyrol Weddi		
Salm [61;] 62; [64] 1 Samuel 21.1 – 22.5 Actau 2. 22-36	Salm 38 1 Samuel 22. 6-diwedd Actau 2. 37-diwedd	Salm [65;] 66 1 Samuel 23 Actau 3. 1-10

Y DEGFED SUL *wedi'r* DRINDOD			(Priodau 13)
DYDDIAD	COLECT AC ÔG	PRIF WASANAETH	
Dydd Sul 1 Awst	101 & 102	*Parhaus:* 2 Samuel 11.26 – 12.13a Salm 51. 1-12 Effesiaid 4. 1-16 Ioan 6. 24-35	*neu Gysylltiedig:* Exodus 16. 2-4, 9-15 Salm 78, 23-29 Effesiaid 4. 1-16 Ioan 6. 24-35

	† Garmon	
Llun 2 Awst	Mawrth 3 Awst	Mercher 4 Awst
	CYMUN DYDDIOL	
Colect ac ÔG 101 & 102 Numeri 11. 4-15 Salm 81. 10-16 Mathew 14. 22-36	Colect ac ÔG 101 & 102 Numeri 12. 1-17 Salm 51. 1-11 Mathew 15. 1, 2, 10-14	Colect ac ÔG 101 & 102 Numeri 13. 1, 2, 25 – 14. 1, 26-35 Salm 106. 6-14, 21-23 Mathew 15. 21-28
	Boreol Weddi	
Salm 71 Jeremeia 41 Marc 2.23 – 3.6	Salm 73 Jeremeia 42 Marc 3. 7-19a	Salm 77 Jeremeia 43 Marc 3. 19b-diwedd
	Hwyrol Weddi	
Salm 72; [75] 1 Samuel 24 Actau 3. 11-diwedd	Salm 74 1 Samuel 26 Actau 4. 1-12	Salm 119. 81-104 1 Samuel 28. 3-diwedd Actau 4. 13-31

TRYDYDD GWASANAETH	**AIL WASANAETH**	**Nodiadau**
Salm 86 **Caniad Solomon 5. 2-16** ***neu*** **1 Macabeaid 3. 1-12** **2 Pedr 1. 1-15**	**Salm 88** ***neu*** **88. 1-9** **Job 28** ***neu*** **Ecclesiasticus 42. 15-25** **Hebreaid 11. 17-31** *Pan fo'r Ail Wasanaeth yn Gymun, defnyddir fel Efengyl:* **Luc 12. 13-21**	**LGG 1984 tudalen 178.** *** Am y darlleniadau a ddisodlwyd, gweler tudalen 117.** **† Ar gyfer dathliadau dyddiau'r wythnos gweler tudalen 140.**

† Oswallt	**Gweddnewidiad Ein Harglwydd**	
Iau 5 Awst	*** Gwener 6 Awst**	**Sadwrn 7 Awst**
CYMUN DYDDIOL		
Colect ac ÔG 101 & 102 **Numeri 20. 1-13** **Salm 95. 1-9** **Mathew 16. 13-23**	**Colect ac ÔG 239 & 38** **Daniel 7. 9, 10, 13, 14** **Salm 97** **2 Pedr 1. 16-19** **Luc 9. 28-36**	**Colect ac ÔG 101 & 102** **Deuteronomium 6. 4-13** **Salm 18. 1, 2, 46-50** **Mathew 17. 14-20**
Boreol Weddi		
Salm 78. 1-39 **Jeremeia 44. 1-14** **Marc 4. 1-20**	**Salm 27** **Ecclesiasticus 48. 1-10** ***neu*** **1 Brenhinoedd 19. 1-16** **1 Ioan 3. 1-3**	**Salm 76; [79]** **Jeremeia 45** **Marc 4. 35-diwedd**
Hwyrol Weddi		
Salm 78. 40-diwedd **1 Samuel 31** **Actau 4.32 – 5.11**	**Salm 72** **Exodus 34. 29-35** **2 Corinthiaid 3**	**Salm [81;] 84** **2 Samuel 2. 1-11** **Actau 5. 27-diwedd**
... noswyl Y Gweddnewidiad: ***Salm 99; 110: Exodus 24. 12-18: Ioan 12. 27-36a***		

YR UNFED SUL AR DDEG *wedi'r* DRINDOD		(Priodau 14)	
DYDDIAD	COLECT AC ÔG	PRIF WASANAETH	
Dydd Sul 8 Awst (†)	103 & 104	*Parhaus:* 2 Samuel 18. 5-9, 15, 31-33 Salm 130 Effesiaid 4.25 – 5.2 Ioan 6. 35, 41-51	*neu Gysylltiedig:* 1 Brenhinoedd 19. 4-8 Salm 34. 1-8 Effesiaid 4.25 – 5.2 Ioan 6. 35, 41-51

† Augustine Baker *neu* Mary Sumner *neu Edith Stein*	† Lawrens	† Cler *o* Assisi
Llun 9 Awst	Mawrth 10 Awst	Mercher 11 Awst
CYMUN DYDDIOL		
Colect ac ÔG 103 & 104 Deuteronomium 10. 12-22 Salm 148 Mathew 17. 22-27	Colect ac ÔG 103 & 104 Deuteronomium 31. 1-8 Salm 111 Mathew 18. 1-5, 10, 12-14	Colect ac ÔG 103 & 104 Deuteronomium 34. 1-12 Salm 66. 1-9 Mathew 18. 15-20
Boreol Weddi		
Salm 80; [82] Micha 1. 1-9 Marc 5. 1-20	Salm [87;] 89. 1-18 Micha 2 Marc 5. 21-34	Salm 119. 105-128 Micha 3 Marc 5. 35-diwedd
Hwyrol Weddi		
Salm [85;] 86 2 Samuel 3. 12-diwedd Actau 6	Salm 89. 19-diwedd 2 Samuel 5. 1-12 Actau 7. 1-16	Salm 91; [93] 2 Samuel 6. 1-19 Actau 7. 17-43

TRYDYDD GWASANAETH	**AIL WASANAETH**	**Nodiadau**
Salm 90 **Caniad Solomon 8. 5-7 *neu* 1 Macabeaid 14. 4-15** **2 Pedr 3. 8-13**	**Salm 91 *neu* 91. 1-12** **Job 39.1 – 40.4 *neu* Ecclesiasticus 43. 13-33** **Hebreaid 12. 1-17** *Pan fo'r Ail Wasanaeth yn Gymun, defnyddir fel Efengyl:* **Luc 12. 32-40**	**LGG 1984 tudalen 180.** **† Ar gyfer dathliadau dyddiau'r wythnos gweler tudalen 141 & 142.**

† Ann Griffiths	† Jeremy Taylor	† Maximilian Kolbe
Iau 12 Awst	**Gwener 13 Awst**	**Sadwrn 14 Awst**
CYMUN DYDDIOL		
Colect ac ÔG 103 & 104 **Josua 3. 7-17** **Salm 114** **Mathew 18.21 – 19.1**	**Colect ac ÔG 103 & 104** **Josua 24. 1-13** **Salm 136. 1-3, 15-21** **Mathew 19. 3-12**	**Colect ac ÔG 103 & 104** **Josua 24. 14-29** **Salm 16. 1, 5-11** **Mathew 19. 13-15**
Boreol Weddi		
Salm [90;] 92 **Micha 4.1 – 5.1** **Marc 6. 1-13**	**Salm 88; [95]** **Micha 5. 2-diwedd** **Marc 6. 14-29**	**Salm [96;] 97; [100]** **Micha 6** **Marc 6. 30-44**
Hwyrol Weddi		
Salm 94 **2 Samuel 7. 1-17** **Actau 7. 44-53**	**Salm 102** **2 Samuel 7. 18-diwedd** **Actau 7.54 – 8.3**	**Salm 104** **2 Samuel 9** **Actau 8. 4-25** ***... noswyl Mair:***
	Salm 72: Diarhebion 8. 22-31: Ioan 19. 23-27	

MAIR, MAM EIN HARGLWYDD		
DYDDIAD	**COLECT AC ÔG**	**PRIF WASANAETH**
Dydd Sul 15 Awst	249 & 8	Eseia 6. 1, 10-11 *neu* Datguddiad 11.19 – 12.6, 10 Salm 45. 10-17 Galatiaid 4. 4-7 Luc 1. 46-55

Llun 16 Awst	Mawrth 17 Awst	Mercher 18 Awst
CYMUN DYDDIOL		
Colect ac ÔG 105 & 106 Barnwyr 2. 11-19 Salm 51. 1-9 Mathew 19. 16-22	Colect ac ÔG 105 & 106 Barnwyr 5. 11-24a Salm 85. 8-13 Mathew 19. 23-30	Colect ac ÔG 105 & 106 Barnwyr 9. 6-15 Salm 21. 1-7 Mathew 20. 1-16a
Boreol Weddi		
Salm 98; [99; 101] Micha 7. 1-7 Marc 6. 45-diwedd	Salm 106; [103] Micha 7. 8-diwedd Marc 7. 1-13	Salm [110;] 111; [112] Habacuc 1. 1-11 Marc 7. 14-23
Hwyrol Weddi		
Salm 105; [103] 2 Samuel 11 Actau 8. 26-diwedd	Salm 107 2 Samuel 12. 1-25 Actau 9. 1-19a	Salm 119. 129-152 2 Samuel 15. 1-12 Actau 9. 19b-31

TRYDYDD GWASANAETH	AIL WASANAETH	Nodiadau
Salm 98; 138 Eseia 7. 10-15 Luc 11. 27, 28	Salm 132 Caniad Solomon 2. 1-7 Actau 1. 6-14	LGG 1984 tudalen 264. † Ar gyfer dathliadau dyddiau'r wythnos gweler tudalen 142.

Iau 19 Awst	Gwener 20 Awst † Bernard	Sadwrn 21 Awst
CYMUN DYDDIOL		
Colect ac ÔG 105 & 106 Barnwyr 11. 29-40 Salm 130 Mathew 22. 1-14	Colect ac ÔG 105 & 106 Ruth 1. 1-22 Salm 146 Mathew 22. 34-40	Colect ac ÔG 105 & 106 Ruth 2. 1-11; 4. 13-17 Salm 128 Mathew 23. 1-12
Boreol Weddi		
Salm [113;] 115 Habacuc 1.12 – 2.5 Marc 7. 24-30	Salm 139 Habacuc 2. 6-diwedd Marc 7. 31-diwedd	Salm [120;] 121; [122] Habacuc 3. 2-19a Marc 8. 1-10
Hwyrol Weddi		
Salm [114;] 116; [117] 2 Samuel 15. 13-diwedd Actau 9. 32-diwedd	Salm 130; [131; 137] 2 Samuel 16. 1-14 Actau 10. 1-16	Salm 118 2 Samuel 17. 1-23 Actau 10. 17-33

Y TRYDYDD SUL AR DDEG *wedi'r* DRINDOD			(Priodau 16)
DYDDIAD	**COLECT AC ÔG**	**PRIF WASANAETH**	
Dydd Sul 22 Awst	107 & 108	*Parhaus:* 1 Brenhin. 8. [1, 6, 10-11,] 22-30, 41-43 Salm 84 Effesiaid 6. 10-20 Ioan 6. 56-69	*neu Gysylltiedig:* Josua 24. 1-2a, 14-18 Salm 34. 15-22 Effesiaid 6. 10-20 Ioan 6. 56-69

† Tudful	Bartholomeus, Apostol	
Llun 23 Awst	* Mawrth 24 Awst	Mercher 25 Awst
CYMUN DYDDIOL		
Colect ac ÔG 107 & 108 1 Thesaloniaid 1. 1-10 Salm 149. 1-5 Mathew 23. 13-22	Colect ac ÔG 252 & 110 *Naill ai:* Eseia 43. 8-13 Salm 145. 1-7 Actau 5. 12-16 Luc 22. 24-30 *neu:* Actau 5. 12-16 Salm 145. 1-7 1 Corinthiaid 4. 9-15 Luc 22. 24-30	Colect ac ÔG 107 & 108 1 Thesaloniaid 2. 9-13 Salm 126 Mathew 23. 27-32
Boreol Weddi		
Salm [123; 124; 125;] 126 Haggai 1. 1-11 Marc 8. 11-21	Salm 86 Genesis 28. 10-17 Ioan 1. 43-51	Salm 119. 153-diwedd Haggai 2. 10-diwedd Marc 8. 27 – 9.1
Hwyrol Weddi		
Salm 127; [128; 129] 2 Samuel 18. 1-18 Actau 10. 34-diwedd *... noswyl Bartholomeus:*	Salm 91; 116 Ecclesiasticus 39. 1-10 *neu* Deuteronomium 18. 15-19 Mathew 10. 1-22	Salm 136 2 Samuel 19. 8b-23 Actau 11. 19-diwedd
Salm 97: Eseia 61. 1-9: 2 Corinthiaid 6. 1-10		

TRYDYDD GWASANAETH	AIL WASANAETH	Nodiadau
Salm 115 Jona 2 *neu* Ecclesiasticus 3. 17-29 Datguddiad 1	Salm 116 *neu* 116. 12-19 Exodus 4.27 – 5.1 Hebreaid 13. 16-21 *Pan fo'r Ail Wasanaeth yn Gymun, defnyddir fel Efengyl:* Luc 13. 10-17	LGG 1984 tudalen 185. * Am y darlleniadau a ddisodlwyd, gweler tudalen 118. † Ar gyfer dathliadau dyddiau'r wythnos gweler tudalen 143.

	† Monica	† Awstin *o* Hippo
Iau 26 Awst	**Gwener 27 Awst**	**Sadwrn 28 Awst**
	CYMUN DYDDIOL	
Colect ac ÔG 107 & 108 1 Thesaloniaid 3. 6-13 Salm 90. 13-17 Mathew 24. 42-51	Colect ac ÔG 107 & 108 1 Thesaloniaid 4. 1-8 Salm 97 Mathew 25. 1-13	Colect ac ÔG 107 & 108 1 Thesaloniaid 4. 9-12 Salm 98 Mathew 25. 14-30
	Boreol Weddi	
Salm 143; [146] Sechareia 1. 1-17 Marc 9. 2-13	Salm [142;] 144 Sechareia 1.18 – *diwedd* 2 Marc 9. 14-29	Salm 147 Sechareia 3 Marc 9. 30-37
	Hwyrol Weddi	
Salm 138; [140; 141] 2 Samuel 19. 24-diwedd Actau 12. 1-17	Salm 145 2 Samuel 23. 1-7 Actau 12. 18-diwedd	Salm 148; [149; 150] 2 Samuel 24 Actau 13. 1-12

Y PEDWERYDD SUL AR DDEG *wedi'r* DRINDOD		(Priodau 17)	
DYDDIAD	COLECT AC ÔG	PRIF WASANAETH	
Dydd Sul 29 Awst (†)	109 & 110	*Parhaus:* Caniad Solomon 2. 8-13 Salm 45. 1-2, 6-9 *neu* 45. 1-7 Iago 1. 17-27 Marc 7. 1-8, 14, 15, 21-23	*neu Gysylltiedig:* Deuteron. 4. 1-2, 6-9 Salm 15 Iago 1. 17-27 Marc 7. 1-8, 14, 15, 21-23

	† Aeddan	
Llun 30 Awst	Mawrth 31 Awst	Mercher 1 Medi
	CYMUN DYDDIOL	
Colect ac ÔG 109 & 110 1 Thesaloniaid 4. 13-18 Salm 96 Luc 4. 16-30	Colect ac ÔG 109 & 110 1 Thesaloniaid 5. 1-11 Salm 27. 1-4, 13, 14 Luc 4. 31-37	Colect ac ÔG 109 & 110 Colosiaid 1. 1-8 Salm 34. 9-22 Luc 4. 38-44
	Boreol Weddi	
Salm 1; [2; 3] Sechareia 4 Marc 9. 38-diwedd	Salm 5; [6; 8] Sechareia 6. 9-diwedd Marc 10. 1-16	Salm 119. 1-32 Sechareia 7 Marc 10. 17-31
	Hwyrol Weddi	
Salm 4; [7] 1 Brenhinoedd 1. 5-31 Actau 13. 13-43	Salm 9; [10] 1 Brenhinoedd 1. 32 – 2.4, 10-12 Actau 13.44 – 14.7	Salm 11; [12; 13] 1 Brenhinoedd 3 Actau 14 .8-diwedd

TRYDYDD GWASANAETH	AIL WASANAETH	Nodiadau
Salm 119. 17-40 Jona 3. 1-9 *neu* Ecclesiasticus 11. [7-17,] 18-28 Datguddiad 3. 14-22	Salm 119. [1-8,] 9-16 Exodus 12. 21-27 Mathew 4.23 — 5.20	LGG 1984 tudalen 187. † Ar gyfer dathliadau dyddiau'r wythnos gweler tudalen 143 & 144.

† Lucian Tapiedi *a* Merthyron Papua Guinea Newydd	† Gregori Fawr	
Iau 2 Medi	Gwener 3 Medi	Sadwrn 4 Medi
CYMUN DYDDIOL		
Colect ac ÔG 109 & 110 Colosiaid 1. 9-14 Salm 98 Luc 5. 1-11	Colect ac ÔG 109 & 110 Colosiaid 1. 15-20 Salm 100 Luc 5. 33-39	Colect ac ÔG 109 & 110 Colosiaid 1. 21-23 Salm 54 Luc 6. 1-5
Boreol Weddi		
Salm [14;] 15; [16] Sechareia 8. 1-8 Marc 10. 32-34	Salm [17;] 19 Sechareia 8. 9-diwedd Marc 10. 35-45	Salm [20; 21;] 23 Sechareia 9. 1-12 Marc 10. 46-diwedd
Hwyrol Weddi		
Salm 18 1 Brenhinoedd 4.29 – 5.12 Actau 15. 1-21	Salm 22 1 Brenhinoedd 6. 1, 11-28 Actau 15. 22-35	Salm 24; [25] 1 Brenhinoedd 8. 1-30 Actau 15.36 – 16.5

Y PYMTHEGFED SUL *wedi'r* DRINDOD		(Priodau 18)	
DYDDIAD	COLECT AC ÔG	PRIF WASANAETH	
Dydd Sul 5 Medi	111 & 112	*Parhaus:* Diarhebion 22. 1-2, 8-9, 22-23 Salm 125 Iago 2. 1-10, [11-13,] 14-17 Marc 7. 24-37	*neu Gysylltiedig:* Eseia 35. 4-7a Salm 146 Iago 2. 1-10, [11-13,] 14-17 Marc 7. 24-37

Llun 6 Medi	Mawrth 7 Medi	Mercher 8 Medi
		† Genedigaeth y Forwyn Fair Fendigaid
CYMUN DYDDIOL		
Colect ac ÔG 111 & 112 Colosiaid 1.24 – 2.3 Salm 62. 1-7 Luc 6. 6-11	Colect ac ÔG 111 & 112 Colosiaid 2. 6-15 Salm 145. 1-9 Luc 6. 12-19	Colect ac ÔG 111 & 112 Colosiaid 3. 1-11 Salm 145. 10-13 Luc 6. 20-26
Boreol Weddi		
Salm [27;] 30 Sechareia 10 Marc 11. 1-11	Salm [32;] 36 Sechareia 11. 4-diwedd Marc 11. 12-26	Salm 34 Sechareia 12. 1-10 Marc 11. 27-diwedd
Hwyrol Weddi		
Salm [26;] 28; [29] 1 Brenhinoedd 8. 31-62 Actau 16. 6-24	Salm 33 1 Brenhinoedd 8.63 – 9.9 Actau 16. 25-diwedd	Salm 119. 33-56 1 Brenhinoedd 10. 1-25 Actau 17. 1-15

TRYDYDD GWASANAETH	AIL WASANAETH	Nodiadau
Salm 119. 57-72 Jona 3.10 – 4.11 *neu* Ecclesiasticus 27. 30 – 28.9 Datguddiad 8. 1-5	Salm 119. [41-48,] 49-56 Exodus 14. 5-31 Mathew 6. 1-18	LGG 1984 tudalen 190. † Ar gyfer dathliadau dyddiau'r wythnos gweler tudalen 144.

	† William Salesbury *a* William Morgan	† Deiniol
Iau 9 Medi	**Gwener 10 Medi**	**Sadwrn 11 Medi**
	CYMUN DYDDIOL	
Colect ac ÔG 111 & 112 Colosiaid 3. 12-17 Salm 150 Luc 6. 27-38	Colect ac ÔG 111 & 112 1 Timotheus 1. 1, 2, 12-14 Salm 16 Luc 6. 39-42	Colect ac ÔG 111 & 112 1 Timotheus 1. 15-17 Salm 113 Luc 6. 43-49
	Boreol Weddi	
Salm 37 Sechareia 13 Marc 12. 1-12	Salm 31 Sechareia 14. 1-11 Marc 12. 13-17	Salm [41;] 42; [43] Sechareia 14. 12-diwedd Marc 12. 18-27
	Hwyrol Weddi	
Salm [39;] 40 1 Brenhinoedd 11. 1-13 Actau 17. 16-diwedd	Salm 35 1 Brenhinoedd 11. 26-diw. Actau 18. 1-21	Salm [45;] 46 1 Brenhinoedd 12. 1-24 Actau 18.22 – 19.7

YR UNFED SUL AR BYMTHEG *wedi'r* DRINDOD		(Priodau 19)	
DYDDIAD	**COLECT AC ÔG**	**PRIF WASANAETH**	
Dydd Sul 12 Medi	**113 & 114**	***Parhaus:***	***neu Gysylltiedig:***
		Diarhebion 1. 20-33	**Eseia 50. 4-9a**
		Salm 19 *neu* 19. 1-6; *neu Gantigl*: Doethineb 7.26 – 8.1	**Salm 116. 1-9**
		Iago 3. 1-12	**Iago 3. 1-12**
Sul Addysg		**Marc 8. 27-38**	**Marc 8. 27-38**

† Cyprian	**Gŵyl y Grog**	
Llun 13 Medi	*** Mawrth 14 Medi**	**Mercher 15 Medi**
CYMUN DYDDIOL		
Colect ac ÔG 113 & 114 **1 Timotheus 2. 1-8** **Salm 28** **Luc 7. 1-10**	**Colect ac ÔG 265 & 54** **Numeri 21. 4-9** **Salm 22. 23-28** **Philipiaid 2. 6-11** **Ioan 3. 13-17**	**Colect ac ÔG 113 & 114** **1 Timotheus 3. 14-16** **Salm 111. 1-6** **Luc 7. 31-35**
Boreol Weddi		
Salm 44 **Ecclesiasticus 1. 1-10 *neu* Eseciel 1. 1-14** **Marc 12. 28-34**	**Salm 2; 8** **Genesis 3. 1-15** **Ioan 12. 27-36a**	**Salm 119. 57-80** **Ecclesiasticus 2 *neu* Eseciel 2.3 – 3.11** **Marc 13. 1-13**
Hwyrol Weddi		
Salm 47; [49] **1 Brenhin. 12.25 – 13.10** **Actau 19. 8-20** ***... noswyl Gŵyl y Grog:***	**Salm 110; 150** **Eseia 63. 1-16** **1 Corinthiaid 1. 18-25**	**Salm 59; [60; 67]** **1 Brenhinoedd 17** **Actau 20. 1-16**
Salm 66: Eseia 52.13 – 53.12: Effesiaid 2. 11-22		

TRYDYDD GWASANAETH	**AIL WASANAETH**	**Nodiadau**
Salm 119. 105-120 Eseia 44.24 – 45.8 Datguddiad 12. 1-12	Salm 119. 73-80, [81-88] Exodus 18. 13-26 Mathew 7. 1-14	LGG 1984 tudalen 192. * Am y darlleniadau a ddisodlwyd, gweler tudalen 118. † Ar gyfer dathliadau dyddiau'r wythnos gweler tudalen 144 & 145.

† Ninian

Iau 16 Medi	Gwener 17 Medi	Sadwrn 18 Medi
CYMUN DYDDIOL		
Colect ac ÔG 113 & 114 1 Timotheus 4. 12-16 Salm 111. 7-10 Luc 7. 36-50	Colect ac ÔG 113 & 114 1 Timotheus 6. 1-12 Salm 49. 1-9 Luc 8. 1-3	Colect ac ÔG 113 & 114 1 Timotheus 6. 13-16 Salm 100 Luc 8. 4-15
Boreol Weddi		
Salm [56;] 57; [63] Ecclesiasticus 3. 17-29 *neu* Eseciel 3. 12-diwedd Marc 13. 14-23	Salm 51; [54] Ecclesiasticus 4. 11-28 *neu* Eseciel 8 Marc 13. 24-31	Salm 68 Ecclesiasticus 4.29 – 6.1 *neu* Eseciel 9 Marc 13. 32-diwedd
Hwyrol Weddi		
Salm [61;] 62; [64] 1 Brenhinoedd 18. 1-20 Actau 20. 17-diwedd	Salm 28 1 Brenhinoedd 18. 21-diw. Actau 21. 1-16	Salm [65;] 66 1 Brenhinoedd 19 Actau 21. 17-36

YR AIL SUL AR BYMTHEG *wed'r* DRINDOD		(Priodau 20)	
DYDDIAD	COLECT AC ÔG	PRIF WASANAETH	
Dydd Sul 19 Medi	115 & 116	*Parhaus:* Diarhebion 31. 10-31 Salm 1 Iago 3.13 – 4.3, 7, 8a Marc 9. 30-37	*neu Gysylltiedig:* Doethineb 1.16 – 2.1, 12-22 *neu* Jeremeia 11. 18-20 Salm 54 Iago 3.13 – 4.3, 7, 8a Marc 9. 30-37

† Saint, Merthyron a Chenhadon Awstralasia a'r Mor Tawel	Mathew, Apostol *ac* Efengylwr	Dydd Catgor
Llun 20 Medi	* Mawrth 21 Medi	Mercher 22 Medi
	CYMUN DYDDIOL	
Colect ac ÔG 115 & 116 Esra 1. 1-6 Salm 126 Luc 8. 16-18	Colect ac ÔG 268 & 127 Diarhebion 3. 13-18 Salm 119. 65-72 2 Corinthiaid 4. 1-6 Mathew 9. 9-13	Colect ac ÔG 351 & 352 Set Catgor 1, 2 *neu* 3. Gweler tudalen 150.
	Boreol Weddi	
Salm 71 Ecclesiasticus 6. 14-diw. *neu* Eseciel 10. 1-19 Marc 14. 1-11	Salm 49 1 Brenhinoedd 19. 15-21 2 Timotheus 3. 14-17	Salm 77 Eccles. 10. 6-8, 12-24 *neu* Eseciel 12. 1-16 Marc 14. 26-42
	Hwyrol Weddi	
Salm 72; [75] 1 Brenhinoedd 21 Actau 21.37 – 22.21 *... noswyl Mathew:*	Salm 119. 33-40, 89-96 Pregethwr 5. 4-12 Mathew 19. 16-30	Salm 119. 81-104 1 Brenhinoedd 22. 29-45 Actau 23. 12-diwedd
Salm 34: Eseia 33. 13-17: Mathew 6. 19-34		

TRYDYDD GWASANAETH	AIL WASANAETH	Nodiadau
Salm 119. 153-176 Eseia 45. 9-22 Datguddiad 14. 1-5	Salm 119. 137-144, [145-152] Exodus 19. 10-25 Mathew 8. 23-34	LGG 1984 tudalen 194. * Am y darlleniadau a ddisodlwyd, gweler tudalen 118. † Ar gyfer dathliadau dyddiau'r wythnos gweler tudalen 145.

	Dydd Catgor	Dydd Catgor
	† Sergei *o* Radonezh	† Cadog
Iau 23 Medi	Gwener 24 Medi	Sadwrn 25 Medi
	CYMUN DYDDIOL	
Colect ac ÔG 115 & 116 Haggai 1. 1-8 Salm 149. 1-5 Luc 9. 7-9	Colect ac ÔG 351 & 352 Set Catgor 1, 2 *neu* 3. Gweler tudalen 150.	Colect ac ÔG 351 & 352 Set Catgor 1, 2 *neu* 3. Gweler tudalen 150.
	Boreol Weddi	
Salm 78. 1-39 Ecclesiasticus 11. 7-28 *neu* Eseciel 12. 17-diw. Marc 14. 43-52	Salm 55 Eccles. 14.20 – 15.1 *neu* Eseciel 13. 1-16 Marc 14. 53-65	Salm 76; [79] Ecclesiasticus 15. 11-diw. *neu* Eseciel 14. 1–11 Marc 14. 66-diwedd
	Hwyrol Weddi	
Salm 78. 40-diwedd 2 Brenhinoedd 1. 2-17 Actau 24. 1-23	Salm 69 2 Brenhinoedd 2. 1-18 Actau 24.24 – 25.12	Salm [81;] 84 2 Brenhinoedd 4. 1-37 Actau 25. 13-diwedd

Y DEUNAWFED SUL *wedi'r* DRINDOD			(Priodau 21)
DYDDIAD	**COLECT AC ÔG**	**PRIF WASANAETH**	
Dydd Sul 26 Medi (†)	117 & 118	*Parhaus:* Esther 7. 1-6, 9, 10; 9. 20-22 Salm 124 Iago 5. 13-20 Marc 9. 38-50	*neu Gysylltiedig:* Numeri 11. 4-6, 10-16, 24-29 Salm 19. 7-14 Iago 5. 13-20 Marc 9. 38-50

† Vincent de Paul		Mihangel *a*'r Holl Angylion
Llun 27 Medi	**Mawrth 28 Medi**	*** Mercher 29 Medi**
CYMUN DYDDIOL		
Colect ac ÔG 117 & 118 Sechareia 8. 1-8 Salm 102. 11-22 Luc 9. 46-50	Colect ac ÔG 117 & 118 Sechareia 8. 20-23 Salm 87 Luc 9. 51-56	Colect ac ÔG 272 & 273 *Naill ai:* Genesis 28. 10-17 Salm 103. 19-22 Datguddiad 12. 7-12 Ioan 1. 47-51 *neu:* Datguddiad 12. 7-12 Salm 103. 19-22 Hebreaid 1. 5-14 Ioan 1. 47-51
Boreol Weddi		
Salm 80; [82] Ecclesiasticus 16. 17-diw. *neu* Eseciel 14. 12-diw. Marc 15. 1-15	Salm [87;] 89. 1-18 Ecclesiasticus 17. 1-24 *neu* Eseciel 18. 1-20 Marc 15. 16-32	Salm 34 Tobit 12. 6-22 *neu* Daniel 12. 1-4 Actau 12. 1-11
Hwyrol Weddi		
Salm [85;] 86 2 Brenhinoedd 5 Actau 26. 1-23	Salm 89. 19-diwedd 2 Brenhinoedd 6. 1-23 Actau 26. 24-diwedd *... noswyl Mihangel:*	Salm 138; 148 Daniel 10. 4-21 Datguddiad 5
Salm 91: 2 Brenhinoedd 6. 8-17: Mathew 18. 1-6, 10		

TRYDYDD GWASANAETH	AIL WASANAETH	Nodiadau
Salm 122 Eseia 48. 12-22 Luc 11. 37-54	Salm 120; 121 Exodus 24 Mathew 9. 1-8	LGG 1984 tudalen 196. * Am y darlleniadau a ddisodlwyd, gweler tudalen 118. † Ar gyfer dathliadau dyddiau'r wythnos gweler tudalen (145) & 146.

† Sierom

Iau 30 Medi	Gwener 1 Hydref	Sadwrn 2 Hydref
	CYMUN DYDDIOL	
Colect ac ÔG 117 & 118 Nehemeia 8. 1-12 Salm 19. 7-10 Luc 10. 1-12	Colect ac ÔG 117 & 118 Baruch 1. 15-21 Salm 79. 1-9 Luc 10. 13-16	Colect ac ÔG 117 & 118 Baruch 4. 5-12, 27-29 Salm 69. 32-36 Luc 10. 17-24
	Boreol Weddi	
Salm [90;] 92 Ecclesiasticus 19. 4-17 *neu* Eseciel 20. 1-20 Marc 15. 42-diwedd	Salm 88; [95] Ecclesiasticus 19. 20-diw. *neu* Eseciel 20. 21-38 Marc 16. 1-8	Salm [96;] 97; [100] Ecclesiasticus 21. 1-17 *neu* Eseciel 24. 15-diw. Marc 16. 9-diwedd
	Hwyrol Weddi	
Salm 94 2 Brenhinoedd 9. 17-diw. Actau 27. 27-diwedd	Salm 102 2 Brenhinoedd 12. 1-19 Actau 28. 1-16	Salm 104 2 Brenhinoedd 17. 1-23 Actau 28. 17-diwedd

Y PEDWERYDD SUL AR BYMTHEG *wedi'r* DRINDOD		(Priodau 22)	
DYDDIAD	**COLECT AC ÔG**	**PRIF WASANAETH**	
Dydd Sul 3 Hydref	**119 & 120**	***Parhaus:*** **Job 1. 1; 2. 1-10** **Salm 26** **Hebreaid 1. 1-4; 2. 5-12** **Marc 10. 2-16**	***neu Gysylltiedig:*** **Genesis 2. 18-24** **Salm 8** **Hebreaid 1. 1-4; 2. 5-12** **Marc 10. 2-16**

† Ffransis *o* Assisi		† William Tyndale
Llun 4 Hydref	**Mawrth 5 Hydref**	**Mercher 6 Hydref**
CYMUN DYDDIOL		
Colect ac ÔG 119 & 120 **Jona 1. 1-17; 2. 10** **Salm 130** **Luc 10. 25-37**	**Colect ac ÔG 119 & 120** **Jona 3. 1-10** **Salm 6** **Luc 10. 38-42**	**Colect ac ÔG 119 & 120** **Jona 4. 1-11** **Salm 86. 1-10** **Luc 11. 1-4**
Boreol Weddi		
Salm 98; [99; 101] **Ecclesiasticus 22. 6-22** ***neu* Eseciel 28. 1-19** **Ioan 13. 1-11**	**Salm 106; [103]** **Eccles. 22.27 – 23.15** ***neu* Eseciel 33. 1-20** **Ioan 13. 12-20**	**Salm [110;] 111; [112]** **Eccles. 24. 1-22** ***neu* Eseciel 33. 21-diwedd** **Ioan 13. 21-30**
Hwyrol Weddi		
Salm 105 *neu* 103 **2 Brenhinoedd 17. 24-diw.** **Philipiaid 1. 1-11**	**Salm 107** **2 Brenhinoedd 18. 1-12** **Philipiaid 1. 12-diwedd**	**Salm 119. 129-152** **2 Brenhinoedd 18. 13-diw.** **Philipiaid 2. 1-13**

TRYDYDD GWASANAETH	AIL WASANAETH	Nodiadau
Salm 123; 124 Eseia 49. 13-23 Luc 12. 1-12	Salm 125; 126 Josua 3. 7-17 Mathew 10. 1-22	LGG 1984 tudalen 199. † Ar gyfer dathliadau dyddiau'r wythnos gweler tudalen 146.
Diolchgarwch am y Cynhaeaf (yn draddodiadol oddeutu'r Sul Cyntaf ym mis Hydref). Gellir defnyddio'r darlleniadau yn y Cymun neu mewn gwasanaethau eraill. Gweler tudalen 155.		

		† Cynog
Iau 7 Hydref	Gwener 8 Hydref	Sadwrn 9 Hydref
CYMUN DYDDIOL		
Colect ac ÔG 119 & 120 Malachi 3.13 – 4.2a Salm 1 Luc 11. 5-13	Colect ac ÔG 119 & 120 Joel 1. 13-15; 2. 1, 2 Salm 9. 1-8 Luc 11. 14-26	Colect ac ÔG 119 & 120 Joel 3. 12-21 Salm 97 Luc 11. 27, 28
Boreol Weddi		
Salm [113;] 115 Eccles. 24. 23-diwedd *neu* Eseciel 34. 1-16 Ioan 13. 31-diwedd	Salm 139 Eccles. 27.30 – 28.9 *neu* Eseciel 34. 17-diwedd Ioan 14. 1-14	Salm [120;] 121; [122] Eccles. 28. 14-diwedd *neu* Eseciel 36. 16-36 Ioan 14. 15-diwedd
Hwyrol Weddi		
Salm [114;] 116; [117] 2 Brenhinoedd 19. 1-19 Philipiaid 2. 14-diwedd	Salm 130; [131; 137] 2 Brenhinoedd 19. 20-36 Philipiaid 3.1 – 4.1	Salm 118 2 Brenhinoedd 20 Philipiaid 4. 2-diwedd

YR UGEINFED SUL *wedi'r* DRINDOD		(Priodau 23)	
DYDDIAD	**COLECT AC ÔG**	**PRIF WASANAETH**	
Dydd Sul 10 Hydref	121 & 122	*Parhaus:* Job 23. 1-9, 16, 17 Salm 22. 1-15 Hebreaid 4. 12-16 Marc 10. 17-31	*neu Gysylltiedig:* Amos 5. 6, 7, 10-15 Salm 90. 12-17 Hebreaid 4. 12-16 Marc 10. 17-31
Sul y Digartref *a* Sul ac Wythnos y Carcharorion			

		† Edward Gyffeswr
Llun 11 Hydref	**Mawrth 12 Hydref**	**Mercher 13 Hydref**
CYMUN DYDDIOL		
Colect ac ÔG 121 & 122 Rhufeiniaid 1. 1-7 Salm 98 Luc 11. 29-32	Colect ac ÔG 121 & 122 Rhufeiniaid 1. 16-25 Salm 19. 1-4 Luc 11. 37-41	Colect ac ÔG 121 & 122 Rhufeiniaid 2. 1-11 Salm 62. 1-8 Luc 11. 42-46
Boreol Weddi		
Salm [123; 124; 125;] 126 Ecclesiasticus 31. 1-11 *neu* Eseciel 37. 1-14 Ioan 15. 1-11	Salm 132; [133] Ecclesiasticus 34. 9-diw. *neu* Eseciel 37. 15-diwedd Ioan 15. 12-17	Salm 119. 153-diwedd Ecclesiasticus 35 *neu* Eseciel 39. 21-diw. Ioan 15. 18-diwedd
Hwyrol Weddi		
Salm 127; [128; 129] 2 Brenhinoedd 21. 1-18 1 Timotheus 1. 1-17	Salm [134;] 135 2 Brenhinoedd 22.1 – 23.3 1 Timotheus 1.18 – *diw.* 2	Salm 136 2 Brenhinoedd 23. 4-25 1 Timotheus 3

TRYDYDD GWASANAETH	**AIL WASANAETH**	**Nodiadau**
Salm 129; 130 Eseia 50. 4-10 Luc 13. 22-30	Salm 127; [128] Josua 5.13 – 6.20 Mathew 11. 20-30	LGG 1984 tudalen 201. † Ar gyfer dathliadau dyddiau'r wythnos gweler tudalen 147.

† Esther John	† Teresa *o* Avila	† Daniel Rowland
Iau 14 Hydref	**Gwener 15 Hydref**	**Sadwrn 16 Hydref**
CYMUN DYDDIOL		
Colect ac ÔG 121 & 122 Rhufeiniaid 3. 21-31 Salm 130 Luc 11. 47-54	Colect ac ÔG 121 & 122 Rhufeiniaid 4. 1-8 Salm 32 Luc 12. 1-7	Colect ac ÔG 121 & 122 Rhufeiniaid 4. 13-18 Salm 105. 5-10, 42-45 Luc 12. 8-12
Boreol Weddi		
Salm 143; [146] Ecclesiasticus 37. 7-24 *neu* Eseciel 43. 1-12 Ioan 16. 1-15	Salm [142;] 144 Ecclesiasticus 38. 1-14 *neu* Eseciel 44. 4-16 Ioan 16. 16-22	Salm 147 Ecclesiasticus 38. 24-diw. *neu* Eseciel 47. 1-12 Ioan 16. 23-diwedd
Hwyrol Weddi		
Salm 138; [140; 141] 2 Brenhin. 23.36 – 24.17 1 Timotheus 4	Salm 145 2 Brenhin. 24.18 – 25.12 1 Timotheus 5. 1-16	Salm 148; [149; 150] 2 Brenhinoedd 25. 22-diw. 1 Timotheus 5.17–diw.

YR UNFED SUL AR HUGAIN *wedi'r* DRINDOD			(Priodau 24)
DYDDIAD	**COLECT AC ÔG**	**PRIF WASANAETH**	
Dydd Sul 17 Hydref (†)	123 & 124	*Parhaus:* Job 38. 1-7, [34-41] Salm 104. 1-9, [24, 35c] Hebreaid 5. 1-10 Marc 10. 35-45	*neu Gysylltiedig:* Eseia 53. 4-12 Salm 91. 9-16 Hebreaid 5. 1-10 Marc 10. 35-45

Luc, Efengylwr * Llun 18 Hydref	† Henry Martyn Mawrth 19 Hydref	Mercher 20 Hydref
CYMUN DYDDIOL		
Colect ac ÔG 283 & 284 Eseia 35. 3-6 *neu* Actau 16. 6-12a Salm 147. 1-7 2 Timotheus 4. 5-17 Luc 10. 1-9	Colect ac ÔG 123 & 124 Rhufeiniaid 5. 6-21 Salm 40. 6-11 Luc 12. 35-38	Colect ac ÔG 123 & 124 Rhufeiniaid 6. 12-18 Salm 124 Luc 12. 39-48
Boreol Weddi		
Salm 145 Eseia 55 Luc 1. 1-4	Salm 5; [6; 8] Ecclesiasticus 39. 13-diw. *neu* Pregethwr 2 Ioan 17. 6-19	Salm 119. 1-32 Ecclesiasticus 42. 15-diw. *neu* Pregethwr 3. 1-15 Ioan 17. 20-diwedd
Hwyrol Weddi		
Salm 103 Ecclesiasticus 38. 1-14 *neu* Eseia 61. 1-6 Colosiaid 4. 7-18	Salm 9; [10] Judith 5.1 – 6.4 *neu* Exodus 29.38 – 30.16 1 Timotheus 6. 11-diw.	Salm 11; [12; 13] Judith 6.10 – 7.7 *neu* Lefiticus 8 2 Timotheus 1. 1-14

TRYDYDD GWASANAETH	**AIL WASANAETH**	**Nodiadau**
Salm 133; 134; 137. 1-6 Eseia 54. 1-14 Luc 13. 31-35	Salm 141 Josua 14. 6-14 Mathew 12. 1-21	LGG 1984 tudalen 204. * Am y darlleniadau a ddisodlwyd, gweler tudalen 118. † Ar gyfer dathliadau dyddiau'r wythnos gweler tudalen (147 &) 148.
Hwyrol Weddi noswyl Luc: Salm 33: Hosea 6. 1-3: 2 Timotheus 3. 10-17		

		† Iago o Jerwsalem
Iau 21 Hydref	**Gwener 22 Hydref**	**Sadwrn 23 Hydref**
CYMUN DYDDIOL		
Colect ac ÔG 123 & 124 Rhufeiniaid 6. 19-23 Salm 1 Luc 12. 49-53	Colect ac ÔG 123 & 124 Rhufeiniaid 7. 18-25a Salm 119. 33-40 Luc 12. 54-59	Colect ac ÔG 123 & 124 Rhufeiniaid 8. 1-11 Salm 24. 1-6 Luc 13. 1-9
Boreol Weddi		
Salm [14;] 15; [16] Ecclesiasticus 43. 1-12 *neu* Eccles. 3.16 – *diw.* 4 Ioan 18. 1-11	Salm [17;] 19 Ecclesiasticus 43. 13-diw. *neu* Pregethwr 5 Ioan 18. 12-27	Salm [20; 21;] 23 Ecclesiasticus 44. 1-15 *neu* Pregethwr 6 Ioan 18. 28-diwedd
Hwyrol Weddi		
Salm 18 Judith 7. 19-diwedd *neu* Lefiticus 9 2 Timotheus 1.15 – 2.13	Salm 22 Judith 8. 9-diwedd *neu* Lefiticus 16. 2-24 2 Timotheus 2. 14-diw.	Salm 24; [25] Judith 9 *neu* Lefiticus 17 2 Timotheus 3

Y SUL OLAF WEDI'R DRINDOD *neu* SUL Y BEIBL			(Priodau 25)
DYDDIAD	**COLECT AC ÔG**	**PRIF WASANAETH**	
Dydd Sul 24 Hydref	**126 & 127**	***Parhaus:*** **Job 42. 1-6, 10-17** **Salm 34. 1-8, [19-22]** **Hebreaid 7. 23-28** **Marc 10. 46-52**	***neu Gysylltiedig:*** **Jeremeia 31. 7-9** **Salm 126** **Hebreaid 7. 23-28** **Marc 10. 46-52**
***neu* SUL Y BEIBL**	**126 & 127**	**Eseia 55. 1-11** **Salm 19. 7-14**	**2 Timotheus 3.14 – 4.5** **Ioan 5. 36b-47**

† Lewis Bayly	**† Alffred [Fawr]**	
Llun 25 Hydref	**Mawrth 26 Hydref**	**Mercher 27 Hydref**
	CYMUN DYDDIOL	
Colect ac ÔG 126 & 127 **Rhufeiniaid 8. 12-17** **Salm 68. 1-6, 19, 20** **Luc 13. 10-17**	**Colect ac ÔG 126 & 127** **Rhufeiniaid 8. 18-25** **Salm 126** **Luc 13. 18-21**	**Colect ac ÔG 126 & 127** **Rhufeiniaid 8. 26-30** **Salm 13** **Luc 13. 22-30**
	Boreol Weddi	
Salm [27;] 30 **Ecclesiasticus 44.19 – 45.5** ***neu* Pregethwr 7. 1-14** **Ioan 19. 1-16**	**Salm [32;] 36** **Ecclesiasticus 45. 6-17** ***neu* Pregethwr 7. 15-diw.** **Ioan 19. 17-30**	**Salm 34** **Ecclesiasticus 46.1–10** ***neu* Pregethwr 8** **Ioan 19. 31-diwedd**
	Hwyrol Weddi	
Salm [26;] 28; [29] **Judith 10** ***neu* Lef. 19. 1-18, 30-diw.** **2 Timotheus 4. 1-8**	**Salm 33** **Judith 11** ***neu* Lefiticus 23. 1-22** **2 Timotheus 4. 9-diwedd**	**Salm 119. 33-56** **Judith 12** ***neu* Lefiticus 23. 23-diw.** **Titus 1** ***... noswyl Simon a Jwdas:***
	Salm 124; 125; 126: Deuteronomium 32. 1-4: Ioan 14. 15-26	

TRYDYDD GWASANAETH	AIL WASANAETH	Nodiadau
Salm 119. 89-104 Eseia 59. 9-20 Luc 14. 1-14	Salm 119. 121-136 Pregethwr 11; 12 2 Timotheus 2. 1-7	*Pan fo'r Ail Wasanaeth yn Gymun, defnyddir fel Efengyl:* Marc 18. 9-14
Salm 119. 89-104 Eseia 45. 22-45 Mathew 24. 30-35 *neu* Luc 14. 1-14	Salm 119. 1-16 2 Brenhinoedd 22 Colosiaid 3. 12-17	LGG 1984 tudalen 207, Trinty 22. * Am y darlleniadau a ddisodlwyd, gweler tudalen 118. † Ar gyfer dathliadau dyddiau'r wythnos gweler tudalen 148.

Simon *a* Jwdas, Apostolion * Iau 28 Hydref	Gwener 29 Hydref	† Richard Hooker Sadwrn 30 Hydref
	CYMUN DYDDIOL	
Colect ac ÔG 289 & 110 Eseia 28. 14-16 Salm 119. 89-96 Effesiaid 2. 19-22 Ioan 15. 17-27	Colect ac ÔG 126 & 127 Rhufeiniaid 9. 1-5 Salm 147. 12-20 Luc 14. 1-6	Colect ac ÔG 126 & 127 Rhufeiniaid 11. 1-6, 11, 12, 25-29 Salm 94. 14-19 Luc 14. 7-11
	Boreol Weddi	
Salm 116 Doethineb 5. 1-16 *neu* Eseia 45. 18-26 Luc 6. 12-16	Salm 31 Ecclesiasticus 51. 1-12 *neu* Pregethwr 11. 1-8 Ioan 20. 11-18	Salm [41;] 42; [43] Ecclesiasticus 51. 13-diw. *neu* Preg. 11.9 – *diw* 12 Ioan 20. 19-diwedd
	Hwyrol Weddi	** Gweler rheolau Gŵyl yr Holl Saint - tudalen 104
Salm 119. 1-16 1 Macabeaid 2. 42-66 *neu* Jeremeia 3. 11-18 Jwdas. 1-4, 17-25	Salm 35 Judith 15. 1-13 *neu* Lefiticus 25. 1-24 Titus 3	Salm [45;] 46 Judith 15.14 – *diwedd* 16 *neu* Numeri 6. 1-5, 21-diw. Philemon

** SUL CYNTAF Y DEYRNAS		
DYDDIAD	**COLECT AC ÔG**	**PRIF WASANAETH**
Dydd Sul 31 Hydref (†)	131 & 132	Deuteronomium 6. 1-9 Salm 119. 1-8 Hebreaid 9. 11-14 Marc 12. 28-34

** Gall hwn gael ei ddisodli gan y dathliad ar gyfer Gŵyl yr Holl Saint, gweler tudalen 113.

** GŴYL YR HOLL SAINT (B)	Gŵyl yr Holl Eneidiau	† Merthyron a Chyffeswyr ein Hoes *neu* Gwenffrewi
* Llun 1 Tachwedd	* Mawrth 2 Tachwedd	Mercher 3 Tachwedd
PRIF WASANAETH	**CYMUN DYDDIOL**	
Colect ac ÔG 128 & 129 Doethineb 3. 1-9 *neu* Eseia 25. 6-9 Salm 24. 1-6 Revelations21. 1-6a Ioan 11. 32-44	Colect ac ÔG 293 & 389 Galarnad 3. 17-26 *neu* Doethineb 3. 1-9 Salm 23 *neu* 27. 1-5, 13, 14 Rhufeiniaid 5. 5-11 *neu* 1 Pedr 1. 3-9 Ioan 5. 19-25 *neu* Ioan 6. 37-40	Colect ac ÔG 131 & 132 Rhufeiniaid 13. 8-10 Salm 112 Luc 14. 25-33
TRYDYDD GWASANAETH	**Boreol Weddi**	
Salm 15; 84 Eseia 35. 1-9 Luc 9. 18-27	Salm 31 Judith 15. 1-13 *neu* Lefiticus 25. 1-24 Titus 3	Salm 9; [147. 13-diwedd] Eseia 2. 1-11 Mathew 2. 16-diwedd
AIL WASANAETH	**Hwyrol Weddi**	
Salm 148; 150 Eseia 65. 17-25 Hebreaid 11.32 – 12.2	Salm 35 Ecclesiasticus 51. 1-12 *neu* Pregethwr 11. 1-8 Ioan 20. 11-18	Salm [111;] 112; [116] Daniel 2. 25-diwedd Datguddiad 2. 12-diwedd

Amrywio Lliw: Gellir defnyddio coch y dioddefaint yn Nhymor y Deyrnas		
TRYDYDD GWASANAETH	AIL WASANAETH	Nodiadau
Salm 112; 149 Jeremeia 31. 31-34 1 Ioan 3. 1-3	Salm 145 *neu* 145. 1-9 Daniel 2. 1-11, [12-24,] 25-48 Datguddiad 7. 9-17 *Pan fo'r Ail Wasanaeth yn Gymun, defnyddir fel Efengyl:* Mathew 5. 1-12	LGG 1984 tudalen 209, Trinty 23. * Am y darlleniadau a ddisodlwyd, gweler tudalen 119. † Ar gyfer dathliadau dyddiau'r wythnos gweler tudalen 149 & 150.
** *Hwyrol Weddi noswyl Yr Holl Saint: Salm 1; 5: Ecclesiasticus 44. 1-15 neu Eseia 40. 27-31: Datguddiad 19. 6-10*		

† Saint a Merthyron y Cymundeb Anglicanaidd	† Cybi	† Illtud
Iau 4 Tachwedd	Gwener 5 Tachwedd	Sadwrn 6 Tachwedd
CYMUN DYDDIOL		
Colect ac ÔG 131 & 132 Rhufeiniaid 14. 7-12 Salm 27. 1-4, 13, 14 Luc 15. 1-10	Colect ac ÔG 131 & 132 Rhufeiniaid 15. 14-21 Salm 98 Luc 16. 1-8	Colect ac ÔG 131 & 132 Rhufeiniaid 16. 3-9, 16, 22-27 Salm 145. 1-7 Luc 16. 9-15
Boreol Weddi		
Salm [11;] 15; [148] Eseia 2. 12-diwedd Mathew 3	Salm 16; [149] Eseia 3. 1-15 Mathew 4. 1-11	Salm 18. 31-diwedd; [150] Eseia 4.2 – 5.7 Mathew 4. 12-22
Hwyrol Weddi		
Salm 118 Daniel 3. 1-18 Datguddiad 3. 1-13	Salm [137; 138;] 143 Daniel 3. 19-diwedd Datguddiad 3. 14-diwedd	Salm 145 Daniel 4. 1-18 Datguddiad 4

AIL SUL Y DEYRNAS		
DYDDIAD	COLECT AC ÔG	PRIF WASANAETH
Dydd Sul 7 Tachwedd (†)	134 & 135	Jona 3. 1-5, 10 Salm 62. 5-12 Hebreaid 9. 24-28 Marc 1. 14-20

† Holl Saint Cymru		† Leo
Llun 8 Tachwedd	Mawrth 9 Tachwedd	Mercher 10 Tachwedd
CYMUN DYDDIOL		
Colect ac ÔG 134 & 135 Doethineb 1. 1-7 Salm 139. 1-10 Luc 17. 1-6	Colect ac ÔG 134 & 135 Doethineb 2.23 – 3.9 Salm 34. 15-22 Luc 17. 7-10	Colect ac ÔG 134 & 135 Doethineb 6. 1-11 Salm 82 Luc 17. 11-19
Boreol Weddi		
Salm [19;] 20 Eseia 5. 8-24 Mathew 4.23 – 5.12	Salm 21; [24] Eseia 5. 25-diwedd Mathew 5. 13-20	Salm 23; [25] Eseia 6 Mathew 5. 21-37
Hwyrol Weddi		
Salm 34 Daniel 4. 19-diwedd Datguddiad 5	Salm [36;] 40 Daniel 5. 1-12 Datguddiad 6	Salm 37 Daniel 5. 13-diwedd Datguddiad 7. 1-4, 9-diw.

Amrywio Lliw: Gellir defnyddio coch y dioddefaint yn Nhymor y Deyrnas		
TRYDYDD GWASANAETH	**AIL WASANAETH**	**Nodiadau**
Salm 136 Micha 4. 1-5 Philipiaid 4. 6-9	Salm 46; [82] Eseia 10.33 -11.9 Ioan 14. [1-22,] 23-29	LGG 1984 tudalen 212 Trinity 24. † Ar gyfer dathliadau dyddiau'r wythnos gweler tudalen 150 & 151.

† Martin	† Tysilio	† Charles Simeon
Iau 11 Tachwedd	**Gwener 12 Tachwedd**	**Sadwrn 13 Tachwedd**
CYMUN DYDDIOL		
Colect ac ÔG 134 & 135 Doethineb 7.21 – 8.1 Salm 119. 89-96 Luc 17. 20-25	Colect ac ÔG 134 & 135 Doethineb 13. 1-9 Salm 19. 1-4 Luc 17. 26-37	Colect ac ÔG 134 & 135 Doeth. 18. 14-16; 19. 6-9 Salm 105. 1-6, 37-45 Luc 18. 1-8
Boreol Weddi		
Salm 26; [27] Eseia 7. 1-17 Mathew 5. 38-diwedd	Salm [28;] 32 Eseia 8. 1-15 Mathew 6. 1-18	Salm 33 Eseia 8.16 – 9.7 Mathew 6. 19-diwedd
Hwyrol Weddi		
Salm [42;] 43 Daniel 6 Datguddiad 8	Salm 31 Daniel 7. 1-14 Datguddiad 9. 1-12	Salm [84;] 86 Daniel 7. 15-diwedd Datguddiad 9. 13-diwedd

TRYDYDD SUL Y DEYRNAS		
DYDDIAD	**COLECT AC ÔG**	**PRIF WASANAETH**
Dydd Sul 14 Tachwedd (†)	137 & 138	Daniel 12. 1-3 Salm 16 Hebreaid 10. 11-14, [15-18,] 19-25 Marc 13. 1-8
Sul y Cofio		

† Saint, Merthyron a Chenhadon Gogledd America	† Margaret o'r Alban	† Huw
Llun 15 Tachwedd	Mawrth 16 Tachwedd	Mercher 17 Tachwedd
CYMUN DYDDIOL		
Colect ac ÔG 137 & 138 1 Mac. 1. 1-15, 54-57, 62-64 Salm 79 Luc 18. 35-43	Colect ac ÔG 137 & 138 2 Macabeaid 6. 18-31 Salm 3 Luc 19. 1-10	Colect ac ÔG 137 & 138 2 Mac. 7. 1, 20-31, 39-42 Salm 17. 1-8 Luc 19. 11-28
Boreol Weddi		
Salm [46;] 47 Eseia 9.8 – 10.4 Mathew 7. 1-12	Salm [48;] 52 Eseia 10. 5-19 Mathew 7. 13-diwedd	Salm 56,[57] Eseia 10. 20-32 Mathew 8. 1-13
Hwyrol Weddi		
Salm [70;] 71 Daniel 8. 1-14 Datguddiad 10	Salm 67; [72] Daniel 8. 15-diwedd Datguddiad 11. 1-14	Salm 73 Daniel 9. 1-19 Datguddiad 11. 15-diwedd

Amrywio Lliw: Gellir defnyddio coch y dioddefaint yn Nhymor y Deyrnas		
TRYDYDD GWASANAETH	AIL WASANAETH	Nodiadau
Salm 96 1 Samuel 9.27 – 10.2a; 10. 17-26 Mathew 13. 31-35	Salm 95 Daniel 3 *neu* 3. 13-30 Mathew 13. 24-30, 36-43	LGG 1984 tudalen 214 Trinity 25. † Ar gyfer dathliadau dyddiau'r wythnos gweler tudalen 151 & 152.

† Hilda	† Elisabeth *o* Hwngari	
Iau 18 Tachwedd	Gwener 19 Tachwedd	Sadwrn 20 Tachwedd
CYMUN DYDDIOL		
Colect ac ÔG 137 & 138 1 Macabeaid 2. 15-29 Salm 129 Luc 19. 41-44	Colect ac ÔG 137 & 138 1 Mac. 4. 36, 37, 52-59 Salm 113 *neu* 122 Luc 19. 45-48	Colect ac ÔG 137 & 138 1 Macabeaid 6. 1-13 Salm 124 Luc 20. 27-40
Boreol Weddi		
Salm [61;] 62 Eseia 10.33 – 11.9 Mathew 8. 14-22	Salm 63; [65] Eseia 11.10 – *diwedd* 12 Mathew 8. 23-diwedd	Salm 78. 1-39 Eseia 13. 1-13 Mathew 9. 1-17
Hwyrol Weddi		
Salm [74;] 76 Daniel 9. 20-diwedd Datguddiad 12	Salm 77 Daniel 10.1 – 11.1 Datguddiad 13. 1-10	Salm 78.40-diwedd Daniel 12 Datguddiad 13. 11-diwedd
	Dewis arall noswyl Crist y Brenin: *Salm 99; 100: Eseia 10.33 – 11.9: 1 Timotheus 6. 11-16*	

CRIST Y BRENIN – PEDWERYDD SUL Y DEYRNAS		
DYDDIAD	**COLECT AC ÔG**	**PRIF WASANAETH**
Dydd Sul 21 Tachwedd (†)	140 & 141	Daniel 7. 9-10, 13, 14 Salm 93 Datguddiad 1. 4b-8 Ioan 18. 33-37
Dydd Sul Diogelu		

† Cecilia	† Clement	
Llun 22 Tachwedd	**Mawrth 23 Tachwedd**	**Mercher 24 Tachwedd**
CYMUN DYDDIOL		
Colect ac ÔG 140 & 141 Daniel 1. 1-20 Salm 24. 1-6 Luc 21. 1-4	Colect ac ÔG 140 & 141 Daniel 2. 31-45 Salm 96 Luc 21. 5-9	Colect ac ÔG 140 & 141 Daniel 5. 1-6, 13-28 Salm 98 Luc 21. 10-19
Boreol Weddi		
Salm [92;] 96 Eseia 14. 3-20 Mathew 9. 18-34	Salm 97; [98, 100] Eseia 17 Mathew 9.35 – 10.15	Salm [110; 111;] 112 Eseia 19 Mathew 10. 16-33
Hwyrol Weddi		
Salm 80; [81] Eseia 40. 1-11 Datguddiad 14. 1-13	Salm [99;] 101 Eseia 40. 12-26 Rev. 14.14 – *diwedd of* 15	S. [121;] 122; [123; 124] Eseia 40.27 – 41.7 Datguddiad 16. 1-11

TRYDYDD GWASANAETH	AIL WASANAETH	Nodiadau
Salm 29; 110 Eseia 32. 1-8 Datguddiad 3. 7-22	Salm 72 *neu* 72. 1-7 Daniel 5 Ioan 6. 1-15	LGG 1984 tudalen 216 Dydd Sul cyn yr Adfent. † Ar gyfer dathliadau dyddiau'r wythnos gweler tudalen 152 & 153.

† John Donne

Iau 25 Tachwedd	Gwener 26 Tachwedd	Sadwrn 27 Tachwedd
	CYMUN DYDDIOL	
Colect ac ÔG 140 & 141 Daniel 6. 6-27 Salm 99 Luc 21. 20-28	Colect ac ÔG 140 & 141 Daniel 7. 1-14 Salm 93 Luc 21. 29-33	Colect ac ÔG 140 & 141 Daniel 7. 15-27 Salm 95. 1-7 Luc 21. 34-36
	Boreol Weddi	
S. 125; [126; 127; 128] Eseia 21. 1-12 Mathew 10.34 – 11.1	Salm 139 Eseia 22. 1-14 Mathew 11. 2-19	Salm 145 Eseia 24 Mathew 11. 20-diwedd
	Hwyrol Weddi	
Salm [131; 132;] 133 Eseia 41. 8-20 Datguddiad 16. 12-diwedd	Salm 146; [147] Eseia 41.21 – 42.9 Datguddiad 17	Salm [148; 149;] 150 Eseia 42. 10-17 Datguddiad 18

Tudalen 16

Os symudir Dydd Gŵyl yr Ystwyll i Dydd Sul 3 Ionawr ...

... defnyddiwch y darlleniadau hyn Llun 4 Ionawr:

CYMUN DYDDIOL	Boreol Weddi	Hwyrol Weddi
Colect ac ÔG 17 & 18	Salm 127; [128; 131]	Salm 2; [110]
1 Ioan 3. 1-6	Eseia 60. 13-diwedd	Ruth 2
Salm 98. 1-6	Ioan 1. 43-diwedd	Colosiaid 3. 1-11
Ioan 1. 29-34		

... defnyddiwch y darlleniadau hyn Mawrth 5 Ionawr:

CYMUN DYDDIOL	Boreol Weddi	Hwyrol Weddi
Colect ac ÔG 17 & 18	Salm 89. 1-37	Salm [85;] 87
1 Ioan 3. 7-10	Eseia 61	Ruth 3
Salm 98. 1, 2, 7-9	Ioan 2. 1-12	Colosiaid 3.12 – 4.
Ioan 1. 35-42		

... defnyddiwch y darlleniadau hyn Mercher 6 Ionawr:

CYMUN DYDDIOL	Boreol Weddi	Hwyrol Weddi
Colect ac ÔG 17 & 18	Salm [8;] 48	Salm [96;] 97
1 Ioan 3. 11-18	Eseia 62	Ruth 4. 1-17
Salm 100	Ioan 2. 13-diwedd	Colosiaid 4. 2-diwedd
Ioan 1. 43-51		

Tudalen 24

Os symudir Cyflwyniad Crist Dydd Sul 31 Ionawr ...

... defnyddiwch y darlleniadau hyn Llun 1 Chwefror:

CYMUN DYDDIOL	Boreol Weddi	Hwyrol Weddi
Colect ac ÔG 25 & 26 Hebreaid 11. 32-40 Salm 31. 19-24 Marc 5. 1-20	Salm 1; [2; 3] Hosea 9 1 Corinthiaid 12. 12-diwedd	Salm 4; [7] Genesis 18. 1-15 Mathew 27. 11-26

... defnyddiwch y darlleniadau hyn Mawrth 2 Chwefror:

CYMUN DYDDIOL	Boreol Weddi	Hwyrol Weddi
Colect ac ÔG 25 & 26 Hebreaid 12. 1-4 Salm 22. 22-31 Marc 5. 21-43	Salm 5, [6, 8] Hosea 10 1 Corinthiaid 13	Salm 9, [10] Genesis 18. 16-diwedd Mathew 27. 27-44

Tudalen 104

Os symudir Gŵyl yr Holl Saint Sul Cyntaf Y Deyrnas ...

... defnyddiwch y darlleniadau hyn Llun 1 Tachwedd:

CYMUN DYDDIOL	Boreol Weddi	Hwyrol Weddi
Colect ac ÔG 131 & 132 Rhufeiniaid 11. 29-36 Salm 69. 29-36 Luc 14. 12-14	Salm 2; [146] Eseia 1. 1-20 Mathew 1. 18-diwedd	Salm 92; [96; 97] Daniel 1 Datguddiad 1

Mae'r darlleniadau canlynol wedi eu disodli gan Ddydd Gŵyl.

Gellir defnyddio'r darlleniadau cyn neu ar ôl y Dydd Gŵyl i barhau y dilynant.

30 Tachwedd *Gweler tudalen 6* (Andreas)	29 Rhagfyr *Gweler tudalen 14* (Gŵyl y Diniweidiaid)	25 Ionawr *Gweler tudalen 22* (Troedigaeth Paul)
	Boreol Weddi	
Salm 50; [54] Eseia 42. 18-diwedd Datguddiad 19	Salm 19; [20] Eseia 57. 15-diwedd Ioan 1. 1-18	Salm [40;] 108 Hosea 2.18 – *diwedd* 3 1 Corinthiaid 9. 15-diw.
	Hwyrol Weddi	
Salm [70;] 71 Eseia 25. 1-9 Mathew 12. 1-21	Salm [131;] 132 Jona 1 Colosiaid 1. 1-14	Salm 138; [144] Genesis 11.27 – 12.9 Mathew 26. 1-16

2 Chwefror *Gweler tudalen 24* (CYFLWYNIAD CRIST)	1 Mawrth *Gweler tudalen 32* (Dewi)	19 Mawrth *Gweler tudalen 37* (Joseff *o* Nasareth)
	Boreol Weddi	
Salm 5; [6; 8] Hosea 10 1 Corinthiaid 13	Salm 5; [7] Jeremeia 11. 1-17 Ioan 7. 37-52	Salm 22; [126] Jeremeia 24 Ioan 12. 20-36a
	Hwyrol Weddi	
Salm 9; [10] Genesis 18. 16-diwedd Mathew 27. 27-44	Salm [11;] 17 Genesis 47. 1-27 Hebreaid 4.14 – 5.10	Salm 31 Exodus 10 Hebreaid 13. 1-16

5 Ebrill *(Symud o 25 Mawrth)* ***Gweler tudalen 44*** (Cyfarchiad)	26 Ebrill *(Symud o 25 Ebrill)* ***Gweler tudalen 50*** (Marc)	1 Mai ***Gweler tudalen 51*** (Philip *ac* Iago)
Boreol Weddi		
Salm [2;] 19 Deuteronomium 1. 3-18 Ioan 20. 1-10	Salm 145 Deuteronomium 16. 1-20 1 Pedr 1. 1-12	Salm 146; [150] Deuteronomium 24. 5-diw. 1 Pedr 3. 13-diwedd
Hwyrol Weddi		
Salm 139 Exodus 15. 1-21 Colosiaid 1. 1-14	Salm 105 Numeri 9. 15-diwedd; 10. 33-diwedd Luc 4. 38-diwedd	Salm 118 Numeri 14. 26-diwedd Luc 6. 12-26

14 Mai ***Gweler tudalen 55*** (Mathias)	27 Mai ***Gweler tudalen 59*** (y Cymun Bendigaid)	31 Mai ***Gweler tudalen 60*** (Ymweliad Mair Forwyn Fendigaid ag Elisabeth)
Boreol Weddi		
Salm 28; [30] Deuteronomium 33 1 Ioan 4. 7-diwedd	Salm [14;] 15; [16] 2 Cronicl 29. 20-diwedd Rhufeiniaid 5. 12-diwedd	Salm [27;] 30 2 Cronicl 33. 1-13 Rhufeiniaid 7. 1-6
Hwyrol Weddi		
Salm 147 Numeri 27. 12-diwedd Luc 8. 40-diwedd	Salm 18 Josua 8. 30-diwedd Luc 11. 14-28	Salm [26;] 28; [29] Josua 14 Luc 12. 1-12

11 Mehefin *Gweler tudalen 63* (Barnabas)	24 Mehefin *Gweler tudalen 67* (Ioan Fedyddiwr)	29 Mehefin *Gweler tudalen 68* (Pedr *neu* Pedr *a* Paul)
	Boreol Weddi	
Salm 51, [54] Esra 5 Rhufeiniaid 11. 1-12	Salm [90;] 92 Nehemeia 7.73b – *diw.* 8 Rhufeiniaid 15. 22-diw.	Salm [103;] 106 Nehemeia 13. 1-14 2 Corinthiaid 1.15 – 2.4
	Hwyrol Weddi	
Salm 38 Barnwyr 6. 25-diwedd Luc 14. 12-24	Salm 94 Barnwyr 16. 4-diwedd Luc 18. 31-diwedd	Salm 107 1 Samuel 1.21 – 2.11 Luc 19. 41-diwedd

3 Gorffennaf *Gweler tudalen 69* (Thomas)	22 Gorffennaf *Gweler tudalen 75* (Mair Magdalen)	6 Awst *Gweler tudalen 79* (Gweddnewidiad)
	Boreol Weddi	
Salm [120;] 121; [122] Esther 3 2 Corinthiaid 5	Salm 37 Jeremeia 33. 14-diwedd Iago 4. 1-12	Salm 55 Jeremeia 44. 15-diwedd Marc 4. 21-34
	Hwyrol Weddi	
Salm 118 1 Samuel 4. 1b-diwedd Luc 20. 27-40	Salm [39;] 40 1 Samuel 17. 1-30 Luc 23.56b – 24.12	Salm 69 2 Samuel 1 Actau 5. 12-26

24 Awst *Gweler tudalen 84* (Bartholomeus)	14 Medi *Gweler tudalen 90* (Gŵyl y Grog)	21 Medi *Gweler tudalen 92* (Mathew)
Boreol Weddi		
Salm 132, [133] **Haggai 1.12 – 2.9** **Marc 8. 22-26**	**Salm 48, [52]** **Ecclesiasticus 1. 11-diw.** ***neu* Eseciel 1.15 – 2.2** **Marc 12. 35-diwedd**	**Salm 73** **Ecclesiasticus 7. 27-diw.** ***neu* Eseciel 11. 14-diw.** **Marc 14. 12-25**
Hwyrol Weddi		
Salm [134,] 135 **2 Samuel 18.19 – 19.8a** **Actau 11. 1-18**	**Salm 50** **1 Brenhinoedd 13. 11-diw.** **Actau 19. 21-diwedd**	**Salm 74** **1 Brenhinoedd 22. 1-28** **Actau 22.22 – 23.11**

29 Medi *Gweler tudalen 94* (Mihangel *a*'r Holl Angylion)	18 Hydref *Gweler tudalen 100* (Luc)	28 Hydref *Gweler tudalen 103* (Simon *a* Jwdas)
Boreol Weddi		
Salm 119. 105-128 **Ecclesiasticus 18. 1-14** ***neu* Eseciel 18. 21-32** **Marc 15. 33-41**	**Salm 1; [2; 3]** **Ecclesiasticus 39. 1-11** ***neu* Pregethwr 1** **Ioan 17. 1-5**	**Salm 37** **Ecclesiasticus 50.1–24** ***neu* Pregethwr 9** **Ioan 20. 1-10**
Hwyrol Weddi		
Salm 91; [93] **2 Brenhinoedd 9. 1-16** **Actau 27. 1-26**	**Salm 4; [7]** **Judith 4** ***neu* Exodus 22. 21-27; 23. 1-17** **1 Timotheus 6. 1-10**	**Salm [39;] 40** **Judith 13** ***neu* Lefiticus 24. 1-9** **Titus 2**

1 Tachwedd *Gweler tudalen 104* (Yr Holl Saint)	2 Tachwedd *Gweler tudalen 104* (Yr Holl Eneidiau)
Boreol Weddi	
Salm 2; [146] **Eseia 1. 1-20** **Mathew 1. 18-diwedd**	**Salm 5; [147. 1-12]** **Eseia 1. 21-diwedd** **Mathew 2. 1-15**
Hwyrol Weddi	
Salm 92; [96; 97] **Daniel 1** **Datguddiad 1**	**Salm [98; 99;] 100** **Daniel 2. 1-24** **Datguddiad 2. 1-11**

1 Rhagyfr	Dydd Byd-Eang AIDS
28 Rhagyfr	Dydd y Ffoaduriaid
18 - 25 Ionawr	Yr Wythnos Weddi am Undeb Cristnogol
27 Ionawr	Dydd Cofio'r Holocost
Sul olaf Ionawr	Sul Byd-Eang y Gwahanglwyf
Ail Sul Chwefror	Sul Cyfiawnder Hilyddol
Gwener cyntaf Mawrth	Dydd Gweddi Byd-Eang y Chwiorydd
Y Sul wed'r Dyrchafael	Sul Gweinidogaeth a Galwad
Rhwng Dydd Iau'r Dyrchafael a'r Pentecost	Weddi am ddoniau'r Ysbryd Glân
Y Drindod Un	Sul y Cyfamod
Ail wythnos Mai	Wythnos Cymorth Crisnogol
Y Sul nesaf at 26 Mai	Sul y Cymundeb Anglicanaidd
5 Mehrfin	Dydd yr Amgylchfyd
20 Mehrfin	Dydd y Ffoaduriaid
Ail Sul Gorffennaf	Sul y Môr
Ail Sul Medi	Sul Addysg
Y Sul nesaf at 10 Hydref	Sul y Digartref
Ail Sul Hydref a'r wythnos	Sul ac Wythnos y Carcharorion
Y Sul nesaf at 11 Tachwedd	Sul y Cofio
Trydydd Sul Tachwedd	Dydd Sul Diogelu
Pythefnos Masnach Deg: Ar adeg argraffu, nid oedd cadarnhad am y dyddiadau	

LLITHIADUR LLYFR DAU:

Dyddiau Sanctaidd

a

gwasanaethau eraill

Am liw'r tymor, gweler prif dudalennau'r Llithiadur

29 Tachwedd	**Gwylnos a Dydd Gweddi dros Genhadaeth yr Eglwys** (I'w defnyddio yn y Cymun Bendigaid neu wasanaeth arall) **Colect ac ÔG 314 a 363** Eseia 49. 1-6 Salm 96. 1-10 Effesiaid 2. 13-18 Mathew 9. 35-38	**Porff** *neu* liw y tymor	**IV**
30 Tachwedd	**Andreas, Apostol. Nawddsant Yr Alban** *Gweler Llithiadur*	**COCH**	**II**
1 Rhagfyr	**Nicholas Ferrar (1637),** **Diacon a Sefydlydd Cymuned Little Gidding** **Colect ac ÔG 316 a 383 / 389** Jeremeia 17. 7-10 Salm 119. 57-64 1 Ioan 2. 12-17 Mathew 19. 23-30 *neu* Luc 12. 32-34	**Lliw y tymor** *neu* Wyn	**V**
2 Rhagfyr	**Saint, Merthyron a Chenhadon Asia** **Colect ac ÔG 317 a 365** Eseia 52. 7-10 *neu* Eseciel 3. 16-21 Salm 16 *neu* 117 *neu* 96. 1-4, 10-13 Actau 13, 46-49 *neu* Actau 26. 19-23 Mathew 25. 31-46 *neu* Luc 5. 1-11	**Lliw y tymor** *neu* Coch	**V**
3 Rhagfyr	**Francis Xavier (1552), Cenhadwr Asia** **Colect ac ÔG 318 a 365** Eseia 52. 7-10 *neu* Eseciel 3. 16-21 Salm 16 *neu* 117 *neu* 96. 1-4, 10-13 Actau 13, 46-49 *neu* Actau 26. 19-23 Mathew 25. 31-46 *neu* Luc 5. 1-11	**Lliw y tymor** *neu* Wyn	**V**
6 Rhagfyr	**Nicolas (c342), Esgob Myra** **Colect ac ÔG 319 a 377 / 379** Eseia 61. 1-3 Salm 28. 6-9 1 Timotheus 6. 6-11 Marc 10. 13-16	**Lliw y tymor** *neu* Wyn	**V**

7 **Rhagfyr**	**Emrys (397), Esgob Milan a Dysgawdwr y Ffydd** **Colect ac ÔG 320 a 387** Eseia 41. 9b-13 Salm 34. 11-18 1 Corinthiaid 2. 6-13 Luc 22. 24-30	**Gwyn** *neu* liw y tymor	**IV**
8 **Rhagfyr**	**Cynidr (6ed ganrif), Esgob Y Clas-ar-Wy** **Colect ac ÔG 321 a 377 / 379** Eseciel 34. 11-16 Salm 28. 6-9 1 Pedr 5. 1-4 *neu* Effesiaid 4. 7, 8, 11-16 Ioan 21. 15-17	**Lliw y tymor** *neu* Wyn	**V**
13 **Rhagfyr**	**Lleucu (304), Merthyr yn Syracuse** **Colect ac ÔG 322 a 385** Doethineb 3. 1-7 Salm 28. 6-9 2 Corinthiaid 4. 6-15 Mathew 10. 24-32 *neu* Ioan 15.18 – 16.4a	**Lliw y tymor** *neu* Coch	**V**
14 **Rhagfyr**	**Ioan y Groes (1591), Offeiriad, Bardd ac Athro'r Ffydd** **Colect ac ÔG 323 a 356 / 387** Ecclesiasticus 51. 1-8 Salm 28. 6-9 Rhufeiniaid 8. 35-39 *neu* Datguddiad 7. 13-17 Mathew 10. 28-33	**Gwyn** *neu* liw y tymor	**IV**
17-23 **Rhagfyr**	**17 - O Ddoethineb! Colect 324** **18 - O Adonai! Colect 325** **19 - O Wreiddyn Jesse! Colect 326** **20 - O Allwedd Dafydd! Colect 327** **21 - O Wawrddydd! Colect 328** **22 - O Frenin y Cenhedloedd! Colect 329** **23 - O Immanuel! Colect 330** ac ÔG gweddi am yr wythnos ynghyd â'r Cymun Bendigaid *gweler y Llithiadur*	**Porff**	**V**
25 **Rhagfyr**	**GENEDIGAETH EIN HARGLWYDD** *Gweler Llithiadur*	**GWYN**	**I**

26 Rhagfyr	**Steffan, Diacon a'r Merthyr Cyntaf** *Gweler Llithiadur*	**COCH**	**II**
27 Rhagfyr	**Ioan, Apostol ac Efengylwr** *Gweler Llithiadur*	**GWYN**	**II**
28 Rhagfyr	**Gŵyl y Diniweidiaid** *Gweler Llithiadur*	**COCH**	**II**
29 Rhagfyr	**Thomas Becket (1170), Archesgob Caergaint a Merthyr** **Colect ac ÔG 334 a 385** Eseia 61. 1-3 Salm 28. 6-9 1 Timotheus 6. 6-11 Marc 10. 13-16	**Coch** *neu* liw y tymor	**IV**
30 Rhagfyr	**Tathan (6ed ganrif), Abad Cymreig ac Athro'r Ffydd** **Colect ac ÔG 335 a 383** Jeremeia 17. 7-10 Salm 119. 57-64 1 Ioan 2. 12-17 Mathew 19. 23-30 *neu* Luc 12. 32-34	**Lliw y tymor** *neu* Wyn	**V**
31 Rhagfyr	**John Wycliffe (1384), Offeiriad, Diwygiwr a Chyfi eithydd yr Ysgrythurau** **Colect ac ÔG 336 a 392** *naill ai* Eseia 52. 7-10 Salm 106. 1-4, 19-23 1 Corinthiaid 4. 1-5 Mathew 23. 8-12 *neu* Eseciel 34. 11-16 Salm 23 1 Pedr 5. 1-4 Ioan 10. 11-16	**Lliw y tymor** *neu* Wyn	**V**
1 Ionawr	**ENWI IESU** *Gweler Llithiadur*	**GWYN**	**I**
3 Ionawr	**Morris Williams [enw barddol 'Nicander'](1874), Offeiriad Cymreig a Bardd** **Colect ac ÔG 143 a 375** Caniad Solomon 2. 8-14 Salm 5. 1-8 Datguddiad 19. 11-16 Ioan 17. 20-26	**Lliw y tymor** *neu* Wyn	**V**

6 **Ionawr**	**DYDD GŴYL YR YSTWYLL** *Gweler Llithiadur*	**GWYN**	**I**
10 **Ionawr**	**William Laud (1645), Archesgob Caergaint** **Colect ac ÔG 144 a 379** Eseciel 34. 11-16 Salm 28. 6-9 1 Pedr 5. 1-4 *neu* Effesiaid 4. 7, 8, 11-16 Ioan 21. 15-17	**Lliw y tymor** *neu* Wyn	**V**
11 **Ionawr**	**Rhys Prichard (1644), Offeiriad,** **William Williams (1791), Diacon** **ac Isaac Williams (1865), Offeiriad; Beirdd** **Colect ac ÔG 145 a 375** Caniad Solomon 2. 8-14 Salm 5. 1-8 Datguddiad 19. 11-16 Ioan 17. 20-26	**Lliw y tymor** *neu* Wyn	**V**
13 **Ionawr**	**Llar (c368), Esgob Poitiers ac Athro'r Ffydd** **Colect ac ÔG 146 a 379** Eseciel 34. 11-16 Salm 28. 6-9 1 Ioan 2. 18-25 Ioan 8. 25-32	**Gwyn** *neu* liw y tymor	**IV**
14 **Ionawr**	**Cyndeyrn (c603),** **Cenhadwr ac Esgob Ystrad Clude** **Colect ac ÔG 147 a 379** Eseciel 34. 11-16 Salm 28. 6-9 1 Pedr 5. 1-4 *neu* Effesiaid 4. 7, 8, 11-16 Ioan 21. 15-17	**Gwyn** *neu* liw y tymor	**IV**
17 **Ionawr**	**Antwn o'r Aifft (356), Meudwy ac Abad** **Colect ac ÔG 148 a 383** Jeremeia 17. 7-10 Salm 119. 57-64 Philipiaid 3. 7-14 Mathew 19. 16-26	**Gwyn** *neu* liw y tymor	**IV**

18 Ionawr	**Cyffes Pedr, Apostol** **Colect ac ÔG 149 a 110** Actau 4. 8-13 *neu* 1 Pedr 5. 1-4 Salm 23 Mathew 16. 13-19	**Gwyn** *neu* liw y tymor	**IV**
21 Ionawr	**Agnes (304), Plentyn-ferthyr yn Rhufain** **Colect ac ÔG 150 a 385** Doethineb 3. 1-9 Salm 28. 6-9 Datguddiad 7. 13-17 Mathew 10. 24-32 *neu* Ioan 15.18 - 16.4a	**Lliw y tymor** *neu* Coch	**V**
24 Ionawr	**Ffransis de Sales (1622), Esgob Genefa ac Athro'r Ffydd** **Colect ac ÔG 151 a 379** Diarhebion 3. 13-18 Salm 28. 6-9 1 Pedr 5. 1-4 *neu* Effesiaid 4. 7, 8, 11-16 Ioan 3. 17-21	**Lliw y tymor** *neu* Wyn	**V**
25 Ionawr	**Tröedigaeth Paul, Apostol** *Gweler Llithiadur*	**GWYN**	**II**
26 Ionawr	**Timotheus a Titus, Cymdeithion Paul** **Colect ac ÔG 154 a 363 / 365** Eseia 61. 1-3a Salm 100 2 Timotheus 1. 1-8 *neu* Titus 1. 1-5 Luc 10. 1-9	**Gwyn** *neu* liw y tymor	**IV**
27 Ionawr	**Ioan Chrysostom (407), Esgob Caer Gystennin a Dysgawdwr y Ffydd** **Colect ac ÔG 155 a 356 / 387** Jeremeia 1. 4-10 Salm 34. 11-18 1 Corinthiaid 2. 6-13 Mathew 5. 13-19	**Gwyn** *neu* liw y tymor	**IV**
28 Ionawr	**Thomas o Acwin (1274), Athro'r Ffydd** **Colect ac ÔG 156 a 356 / 387** Doethineb 7. 7-10, 15, 16 Salm 34. 11-18 1 Corinthiaid 2. 9-16 Ioan 16. 12-15	**Gwyn** *neu* liw y tymor	**IV**

1 **Chwefror**	Ffraid (6ed ganrif), Abades Cildara **Colect ac ÔG 157 a 383** Jeremeia 17. 7-10 Salm 119. 57-64 1 Ioan 2. 12-17 Mathew 19. 23-30 *neu* Luc 12. 32-34	**Lliw y tymor** *neu* Wyn	**V**
2 **Chwefror**	CYFLWYNIAD CRIST YN Y DEML (Gŵyl Fair y Canhwyllau) *Gweler Llithiadur*	**GWYN**	**I**
3 **Chwefror**	Saint, Merthyron a Chenhadon Ewrop **Colect ac ÔG 158 a 365** Eseia 52. 7-10 *neu* Eseciel 3. 16-21 Salm 16 *neu* Salm 96. 1-4, 10-13 *neu* Salm 117 Actau 13. 46-49 *neu* Actau 26. 19-23 Mathew 25. 31-46 *neu* Luc 5. 1-11	**Lliw y tymor** *neu* Coch	**V**
	Seiriol (6ed ganrif), Abad Cymreig **Colect ac ÔG 159 a 383** Jeremeia 17. 7-10 Salm 119. 57-64 1 Ioan 2. 12-17 Mathew 19. 23-30 *neu* Luc 12. 32-34	**Lliw y tymor** *neu* Wyn	**V**
4 **Chwefror**	Manche Masemola (1928), Plentyn-ferthyr yn Ne Affrica **Colect ac ÔG 160 a 385** Doethineb 3. 1-9 Salm 28. 6-9 Rhufeiniaid 8. 35-39 *neu* Datguddiad 7. 13-17 Mathew 10. 24-32 *neu* Ioan 15.18 – 16.4a	**Lliw y tymor** *neu* Coch	**V**
9 **Chwefror**	Teilo (6ed ganrif), Esgob Llandaf **Colect ac ÔG 161 a 379** Eseciel 34. 11-16 Salm 28. 6-9 1 Pedr 5. 1-4 *neu* Effesiaid 4. 7, 8, 11-16 Ioan 21. 15-17	**Gwyn** *neu* liw y tymor	**IV**
14 **Chwefror**	Cyril (869), Mynach *a* Methodius (885), Esgob; Cenhadon a Chyfi eithwyr yr Ysgrythurau **Colect ac ÔG 162 a 365** Eseia 52. 7-10 Salm 117 *neu* 96. 1-4, 10-13 Rhufeiniaid 10. 11-15 Mathew 25. 31-46 *neu* Luc 5. 1-11	**Lliw y tymor** *neu* Wyn	**V**

18 Chwefror	**Ioan o Fiesole [Fra Angelico](1455), Offeiriad ac Andrei Rublev (c1430), Mynach; Artistiaid** **Colect ac ÔG 163 a 389** Caniad Solomon 2. 8-14 Salm 5. 1-8 Datguddiad 19. 11-16 Ioan 17. 20-26	**Lliw y tymor** *neu* Wyn	**V**
19 Chwefror	**Thomas Burgess (1837), Esgob Tyddewi ac Athro'r Ffydd** **Colect ac ÔG 164 a 356 / 387** Ecclesiasticus 39. 1-9 Salm 34. 11-18 1 Corinthiaid 2. 6-13 Mathew 13. 51-52	**Lliw y tymor** *neu* Wyn	**V**
20 Chwefror	**Saint, Merthyron a Chenhadon Affrica** **Colect ac ÔG 165 a 365** Eseia 52. 7-10 *neu* Eseciel 3. 16-21 Salm 16 *neu* Salm 96. 1-4, 10-13 *neu* Salm 117 Actau 13. 46-49 *neu* Actau 26. 19-23 Mathew 25. 31-46 *neu* Luc 5. 1-11	**Lliw y tymor** *neu* Coch	**V**
23 Chwefror	**Polycarp (c155), Esgob Smyrna a Merthyr** **Colect ac ÔG 166 a 385** Doethineb 3. 1-9 Salm 28. 6-9 Datguddiad 2. 8-11 Mathew 10. 24-32 *neu* Ioan 15.18 – 16.4a	**Coch** *neu* liw y tymor	**IV**
27 Chwefror	**George Herbert (1633), Offeiriad *a* phob Bugail** **Colect ac ÔG 167 a 381** *naill ai* Malachi 2. 5-7 Salm 106. 1-4, 19-23 Datguddiad 19. 5-9 Mathew 11. 25-30 *neu* Eseciel 34. 11-16 Salm 23 Pedr 5. 1-4 Ioan 10. 11-16	**Lliw y tymor** *neu* Wyn	**V**
1 Mawrth	**Dewi (6ed ganrif), Esgob Tyddewi a Nawddsant Cymru** *Gweler Llithiadur*	**GWYN**	**II**

2 Mawrth	**Siad (672), Esgob Mersia a Chenhadwr** **Colect ac ÔG 199 a 379** Ioan 17. 20-26 Eseciel 34. 11-16 Salm 28. 6-9 1 Timotheus 6. 11b-16 Ioan 21. 15-17	**Gwyn** *neu* liw y tymor	**IV**
5 Mawrth	**Non (5ed ganrif), Mam Dewi Sant** **Colect ac ÔG 170 a 391** Malachi 3. 16-18 Salm 145. 3-13a Datguddiad 19. 5-8 Ioan 17. 18-23	**Lliw y tymor** *neu* Wyn	**V**
7 Mawrth	**Perpetwa, Ffelicitas a'u Cymdeithion (203), Merthyron yn Carthag** **Colect ac ÔG 171 a 385** Doethineb 3. 1-9 Salm 28. 6-9 Datguddiad 12. 10-12a Mathew 10. 24-32 *neu* Ioan 15.18 – 16.4a	**Coch** *neu* liw y tymor	**IV**
17 Mawrth	**Padrig (5ed ganrif), Esgob, Cenhadwr a Nawddsant Iwerddon** **Colect ac ÔG 172 a 365** Eseia 51. 1-8 Salm 91. 1-4, 13-16 Actau 16. 6-15 Luc 10. 1-12, 17-20	**Gwyn** *neu* liw y tymor	**IV**
18 Mawrth	**Cyril o Jerwsalem (386), Esgob ac Athro'r Ffydd** **Colect ac ÔG 173 a 379** Eseciel 34. 11-16 Salm 28. 6-9 1 Pedr 5. 1-4 *neu* Effesiaid 4. 7-8, 11-16 Ioan 21. 15-17	**Lliw y tymor** *neu* Wyn	**V**
19 Mawrth	**Joseff o Nasareth** *Gweler Llithiadur*	**GWYN**	**II**

20 Mawrth	**Cuthbert (687),** **Esgob Ynys Metgawdd a Chenhadwr** **Colect ac ÔG 260 a 378 / 379** Eseciel 34. 11-16 Salm 28. 6-9 1 Pedr 5. 1-4 *neu* Effesiaid 4. 7, 8, 11-16 Mathew 18. 12-14	**Gwyn** *neu* liw y tymor	**IV**
21 Mawrth	**Thomas Cranmer (1566), Hugh Latimer, Nicholas Ridley a Robert Ferrar (1555), Esgobion, Athrawon y Ffydd a Merthyron y Diwygiad Protestannaidd** **Colect ac ÔG 175 a 291** Eseia 43. 1-7 *neu* Ecclesiasticus 2. 10-18 Salm 87 2 Corinthiaid 4. 5-12 Ioan 12. 20-26	**Lliw y tymor** *neu* Coch	**V**
24 Mawrth	**Oscar Romero (1980),** **Esgob San Salvador a Merthyr** **Colect ac ÔG 176 a 385** Eseia 58. 6-11 Salm 146. 5-10 1 Ioan 3. 14-18 Mathew 25. 31-46	**Lliw y tymor** *neu* Coch	**V**
25 Mawrth	**Cyfarchiad Mair Forwyn Fendigaid** *Gweler Llithiadur*	**GWYN**	**II**
29 Mawrth	**Gwynllyw (6ed ganrif), Brenin Cymreig** **Colect ac ÔG 178 a 391** 1 Samuel 16. 1-13a Salm 72. 1-7 1 Timotheus 2. 1-6 Marc 10. 42-45	**Gwyn** *neu* liw y tymor	**IV**
7 Ebrill	**Brynach (5ed ganrif), Abad Cymreig** **Colect ac ÔG 179 a 383** Jeremeia 17. 7-10 Salm 119. 57-64 1 Ioan 2. 12-17 Mathew 19. 23-30 *neu* Luc 12. 32-34	**Lliw y tymor** *neu* Wyn	**V**

8 Ebrill	**Griffith Jones (1761), Offeiriad ac Athro'r Ffydd** **Colect ac ÔG 180 a 377** *naill ai* Eseia 52. 7-10 Salm 106. 1-4, 19-23 1 Corinthiaid 4. 1-5 Mathew 23. 8-12 *neu* Eseciel 34. 11-16 Salm 23 1 Pedr 5. 1-4 Ioan 10. 11-16	**Lliw y tymor** *neu* Wyn	**V**
9 Ebrill	**Saint, Merthyron a Chenhadon De America** **Colect ac ÔG 181 a 365** Eseia 52. 7-10 *neu* Eseciel 3. 16-21 Salm 16 *neu* 117 *neu* 96. 1-4, 10-13 Actau 13. 46-49 *neu* Actau 26. 19-23 Mathew 25. 31-46 *neu* Luc 5. 1-11	**Lliw y tymor** *neu* Coch	**V**
	Dietrich Bonhoeffer (1945), Bugail Lwtheraidd, Athro'r Ffydd a Merthyr yn Flossenbürg **Colect ac ÔG 182 a 385** Doethineb 3. 1-9 Salm 28. 6-9 Rhufeiniaid 8. 35-39 *neu* Datguddiad 7. 13-17 Mathew 10. 24-32 *neu* Ioan 15.18 – 16.4a	**Lliw y tymor** *neu* Coch	**V**
11 Ebrill	**George Augustus Selwyn (1878), Esgob cyntaf Seland Newydd a Chenhadwr** **Colect ac ÔG 183 a 365** Eseia 52. 7-10 *neu* Eseciel 3. 16-21 Salm 16 *neu* Salm 96. 1-4, 10-13 *neu* Salm117 Actau 13. 46-49 *neu* Actau 26. 19-23 Mathew 25. 31-46 *neu* Luc 5. 1-11	**Lliw y tymor** *neu* Wyn	**V**
15 Ebrill	**Padarn (6ed ganrif), Esgob Cymreig** **Colect ac ÔG 184 a 379** Eseciel 34. 11-16 Salm 28. 6-9 1 Pedr 5. 1-4 *neu* Effesiaid 4. 7, 8, 11-16 Ioan 21. 15-17	**Gwyn** *neu* liw y tymor	**IV**
20 Ebrill	**Beuno (c640), Abad Cymreig** **Colect ac ÔG 185 a 383** Jeremeia 17. 7-10 Salm 119. 57-64 1 Ioan 2. 12-17 Mathew 19. 23-30 *neu* Luc 12. 32-34	**Gwyn** *neu* liw y tymor	**IV**

21 Ebrill	**Anselm (1109), Archesgob Caergaint ac Athro'r Ffydd** **Colect ac ÔG 186 a 387** Doethineb 9. 13-18 Salm 34. 11-18 Rhufeiniaid 5. 8-11 Mathew 13. 51, 52	**Gwyn** *neu* liw y tymor	**IV**
23 Ebrill	**Siôr (304), Merthyr a Nawddsant Lloegr** **Colect ac ÔG 187 a 389** 1 Macabeaid 2. 59-64 *neu* Datguddiad 12. 7-12 Salm 126 2 Timotheus 2. 3-13 Ioan 15.18-21	**Coch** *neu* liw y tymor	**IV**
25 Ebrill	**Marc, Efengylwr** *Gweler Llithiadur*	**Coch**	**II**
29 Ebrill	**Catrin o Siena (1380), Llenor ac Athro'r Ffydd** **Colect ac ÔG 189 a 375 / 389** Diarhebion 8.1, 6-11 Salm 15 Philipiaid 4. 4-9 Ioan 17. 12-26	**Gwyn** *neu* liw y tymor	**IV**
1 Mai	**Philip ac Iago, Apostolion** *Gweler Llithiadur*	**Coch**	**II**
2 Mai	**Athanasius (373), Esgob Alexandria ac Athro'r Ffydd** **Colect ac ÔG 191 a 356 / 387** Ecclesiasticus 4. 20-28 Salm 34. 11-18 1 Corinthiaid 2. 6-13 Mathew 10. 24-27	**Gwyn** *neu* liw y tymor	**IV**
3 Mai	**Henry Vaughan (1695), Bardd Cymreig** **Colect ac ÔG 192 a 375** Caniad Solomon 2. 8-14 Salm 5. 1-8 Datguddiad 19. 11-16 Ioan 17. 20-26	**Lliw y tymor** *neu* Wyn	**V**

5 **Mai**	**Asaff (6ed ganrif), Esgob Llanelwy** **Colect ac ÔG 193 a 379** Eseciel 34. 11-16 Salm 28. 6-9 1 Pedr 5. 1-4 *neu* Effesiaid 4. 7, 8, 11-16 Ioan 21. 15-17	**Lliw y tymor** *neu* Wyn	**V**
8 **Mai**	**Julian o Norwich (c1417), Llenor Ysbrydol** **Colect ac ÔG 194 a 389** Ecclesiasticus 2. 1-9 Salm 15 1 Corinthiaid 13. 8-13 Mathew 5. 13-19	**Lliw y tymor** *neu* Wyn	**V**
9 **Mai**	**Gregor o Nazianzus (390),** **Esgob a Dysgawdwr y Ffydd** **Colect ac ÔG 195 a 379** Eseciel 34. 11-16 Salm 28. 6-9 2 Timotheus 4. 1-8 Mathew 5. 13-19	**Lliw y tymor** *neu* Wyn	**V**
14 **Mai**	**Mathias, Apostol** *Gweler Llithiadur*	**Coch**	**II**
15 **Mai**	**Edmwnd Prys (1624), Offeiriad a Bardd** **a John Davies (1644), Offeiriad; Cyfieithwyr** **Colect ac ÔG 197 a 392** *naill ai*: Deuteronomium 6. 3-9; Salm 16; Effesiaid 4. 1-7, 11-13; Mathew 25. 14-30 *neu*: 1 Brenhinoedd 19. 16,19-21; Salm 128; 2 Corinthiaid 5. 14-20; Ioan 15. 9-17	**Lliw y tymor** *neu* Wyn	**V**
19 **Mai**	**Dunstan (988), Archesgob Caergaint** **Colect ac ÔG 198 a 379** Exodus 31. 1-5 Salm 28. 6-9 1 Pedr 5. 1-4 *neu* Effesiaid 4. 7, 8, 11-16 Mathew 24. 42-46	**Lliw y tymor** *neu* Wyn	**V**

24 Mai	**Charles Wesley (1788) a John Wesley (1781), Emynwyr, Offeiriaid a Chenhadon** **Colect ac ÔG 200 a 365** Eseia 52. 7-10 *neu* Eseciel 3. 16-21 Salm 16 *neu* Salm 96. 1-4, 10-13 *neu* Salm 117 Effesiaid 5. 15-20 Mathew 25, 31-46 *neu* Luc 5. 1-11	**Lliw y tymor** *neu* Wyn	**V**
25 Mai	**Beda (735), Llenor ac Athro'r Ffydd** **Colect ac ÔG 201 a 356 / 387** Ecclesiasticus 39. 1-10 Salm 34. 11-18 1 Corinthiaid 2. 6-13 Mathew 13. 51, 52	**Gwyn** *neu* liw y tymor	**IV**
26 Mai	**Awstin (605), Archesgob Cyntaf Caergaint** **Colect ac ÔG 202 a 377 / 379** Eseciel 34. 11-16 Salm 28. 6-9 1 Thesaloniaid 2. 2b-8 Mathew 13. 31-33	**Gwyn** *neu* liw y tymor	**IV**
28 Mai	**Melangell (6ed ganrif), Abades Gymreig** **Colect ac ÔG 203 a 383** Jeremeia 17. 7-10 Salm 119. 57-64 1 Ioan 2. 12-17 Mathew 19. 23-30 *neu* Luc 12. 32-34	**Lliw y tymor** *neu* Wyn	**V**
31 Mai	**Ymweliad Mair Forwyn Fendigaid ag Elisabeth** *Gweler Llithiadur*	**GWYN**	**II**
1 Mehefin	**Iestyn (c165), Amddiffynnydd a Merthyr yn Rhufain** **Colect ac ÔG 205 a 385** 1 Macabeaid 2. 15-22 Salm 28. 6-9 1 Corinthiaid 1. 18-25 Ioan 15. 18-21	**Coch** *neu* liw y tymor	**IV**

2 **Mehefin**	**Blandina a'i Chymdeithion (177), Merthyron yn Lyon** **Colect ac ÔG 206 a 385** Doethineb 3. 1-9 Salm 28. 6-9 Rhufeiniaid 8. 35-39 *neu* Datguddiad 7. 13-17 Mathew 10. 24-32 *neu* Ioan 15.18 – 16.4a	**Coch** *neu* liw y tymor	IV
3 **Mehefin**	**James Hannington (1885), Esgob, Cenhadwr a Merthyr, Merthyron Uganda (1886) *a* Janani Luwum (1977), Esgob a Merthyr** **Colect ac ÔG 207 a 385** *naill ai* Ecclesiasticus 4.20-28 Salm 28. 6-9 Rhufeiniaid 8. 35-39 *neu* Datguddiad 7. 13-17 Mathew 10. 24-32 *neu* Ioan 12. 24-32 *neu* Genesis 14. 18-20 Salm 116. 12-19 1 Corinthiaid 11. 23-26, [27-29, 31-34a] Ioan 6. [47-50,] 51-58	**Lliw y tymor** *neu* Coch	V
5 **Mehefin**	**Boniffas (754), Archesgob Mainz, Cenhadwr a Merthyr** **Colect ac ÔG 208 a 385** Doethineb 3. 1-9 Salm 28. 6-9 Actau 20. 24-28 Mathew 10. 24-32 *neu* Ioan 15.18-16.4a	**Lliw y tymor** *neu* Coch	V
9 **Mehefin**	**Columba (597), Abad Iona a Cenhadwr** **Colect ac ÔG 209 a 383** Jeremeia 17. 7-10 Salm 119. 57-64 Titus 2. 11-15 Mathew 19. 23-30 *neu* Luc 12. 32-34	**Gwyn** *neu* liw y tymor	IV
10 **Mehefin**	**Effrem y Syriad (373), Diacon, Emynydd ac Athro'r Ffydd** **Colect ac ÔG 210 a 375** Ecclesiasticus 39. 1-9 Salm 34. 11-18 1 Corinthiaid 2. 6-13 Mathew 13. 51, 52	**Lliw y tymor** *neu* Wyn	V
11 **Mehefin**	**Barnabas, Apostol** *Gweler Llithiadur*	**COCH**	II

14 Mehefin	**Basil Fawr (397), Esgob a Dysgawdwr y Ffydd** **Colect ac ÔG 212 a 356 / 387** Ecclesiasticus 39. 1-9 Salm 34. 11-18 2 Timotheus 4. 1-8 Mathew 5. 13-19	**Lliw y tymor** *neu* Wyn	**V**
16 Mehefin	**Richard (1253), Esgob Caerfuddai** **Colect ac ÔG 212 a 356 / 387** Eseciel 34. 11-16 Salm 28. 6-9 1 Pedr 5. 1-4 *neu* Effesiaid 4. 7, 8, 11-16 Ioan 21. 15-19	**Lliw y tymor** *neu* Wyn	**V**
20 Mehefin	**Alban (250), Iŵl ac Aaron (304-5), Merthyron o'r Brydain Rufeinig** **Colect ac ÔG 214 a 385** Doethineb 3. 1-9 Salm 28. 6-9 2 Timotheus 2. 3-13 Ioan 12. 24-26	**Coch** *neu* liw y tymor	**IV**
24 Mehefin	**Genedigaeth Ioan Fedyddiwr** *Gweler Llithiadur*	**GWYN**	**II**
28 Mehefin	**Irenæus (c200), Esgob Lyon ac Athro'r Ffydd** **Colect ac ÔG 216 a 356 / 387** Ecclesiasticus 39. 1-9 Salm 34. 11-18 2 Pedr 1. 16-21 Mathew 13. 51, 52	**Gwyn** *neu* liw y tymor	**IV**
28 Mehefin	***Hwyrol Weddi noswyl:*** **Pedr** Salm 66; 67 Eseciel 34. 1-11 Actau 9. 32-43 **Pedr *a* Paul** Salm 66; 67 Eseciel 3. 4-11 Galatiaid 1.13 – 2.8		

29 Mehefin	**Pedr, Apostol *neu* Pedr *a* Paul, Apostolion** **Colect ac ÔG** (Pedr) **217 a 110** **Colect ac ÔG** (Pedr *a* Paul) **218 a 110** **Pedr** Eseciel 3. 22-27 Salm 125 Actau 12. 1-11 Mathew 16. 13-19 *neu* Actau 12. 1-11 Salm 125 1 Pedr 2. 19-25 Mathew 16. 13-19 **Pedr *a* Paul** Sechareia 4. 1-6a, 10b-14 Salm 125 Actau 12. 1-11 Mathew 16. 13-19 *neu* Actau 12. 1-11 Salm 125 2 Timotheus 4. 6-8, 17, 18 Mathew 16. 13-19 **Pedr, Apostol *neu* Pedr *a* Paul, Apostolion** **Boreol Weddi** Salm 71 Eseia 49. 1-6 Actau 11. 1-18 **Hwyrol Weddi** Salm 124; 138 Eseciel 34. 11-16 Ioan 21. 15-22	**Coch**	II
30 Mehefin	**Merthyrdod Paul, Apostol** **Colect ac ÔG 219 a 110** Doethineb 3. 1-9 Salm 28. 6-9 2 Timotheus 4. 6-8 Mathew 10. 24-32 *neu* Ioan 15.18 – 16.4a	**Coch** *neu* liw y tymor	IV
1 Gorffennaf	**Euddogwy (6ed ganrif), Esgob Llandaf** **Colect ac ÔG 220 a 379** Eseciel 34. 11-16 Salm 28. 6-9 1 Pedr 5. 1-4 *neu* Effesiaid 4. 7, 8, 11-16 Ioan 21.15-17	**Gwyn** *neu* liw y tymor	IV
3 Gorffennaf	**Thomas, Apostol** *Gweler Llithiadur*	**Coch**	II

4 Gorffennaf	**Peblig (4edd ganrif), Abad Cymreig** **Colect ac ÔG 222 a 383** Jeremeia 17. 7-10 Salm 119. 57-64 1 Ioan 2. 12-17 Mathew 19. 23-30 *neu* Luc 12. 32-34	**Lliw y tymor** *neu* Wyn	V
6 Gorffennaf	**Thomas More (1535), Merthyr Cyfnod y Diwygiad Protestannaid** **Colect ac ÔG 223 a 385** Doethineb 3. 1-9 Salm 28. 6-9 Rhufeiniaid 8. 35-39 *neu* Datguddiad 7. 13-17 Mathew 10. 24-32 *neu* Ioan 15.18 – 16.4a	**Lliw y tymor** *neu* Coch	V
11 Gorffennaf	**Bened o Nursia (c540), Abad Monte Cassino a Thad Mynachaeth Orllewinol** **Colect ac ÔG 224 a 383** Jeremeia 17. 7-10 Salm 119. 57-64 1 Corinthiaid 3. 10, 11 Luc 18. 18-22	**Gwyn** *neu* liw y tymor	IV
14 Gorffennaf	**John Keble (1886), Offeiriad, Bardd ac Athro'r Ffydd** **Colect ac ÔG 225 a 377** Lamentations 3. 19-26 Salm 34. 11-18 1 Corinthiaid 2. 6-13 Mathew 5. 1-8	**Lliw y tymor** *neu* Wyn	V
18 Gorffennaf	**Elisabeth o Rwsia (1918), Diacones a Merthyr** **Colect ac ÔG 226 a 385** Eseia 58. 6-11 Salm 82 Hebreaid 13. 1-3 Mathew 5. 1-12	**Lliw y tymor** *neu* Coch	V
19 Gorffennaf	**Gregor (c394), Esgob Nyssa *a'i* chwaer Macrina (c379), Athrawon y Ffydd** **Colect ac ÔG 227 a 387** Doethineb 9. 13-17 Salm 34. 11-18 1 Corinthiaid 2. 9-13 Mathew 13. 51, 52	**Lliw y tymor** *neu* Wyn	V

21 **Gorffennaf**	**Howell Harris (1773), Pregethwr Cymreig** **Colect ac ÔG 228 a 381** Malachi 3. 16-18 Salm 145. 3-13a Datguddiad 19. 5-8 Ioan 17. 18-23	**Lliw y tymor** *neu* Wyn	V
22 **Gorffennaf**	**Mair Magdalen, dilynwydd Iesu** *Gweler Llithiadur*	**GWYN**	II
23 **Gorffennaf**	**Ffraid o Sweden (1373), Abades o Vadstena** **Colect 394 a ÔG 383** Galatiaid 2. 19-20 Salm 34. 1-10 Ioan 15. 1-8	**Lliw y tymor** *neu* Wyn	V
25 **Gorffennaf**	**Iago, Apostol** *Gweler Llithiadur*	**COCH**	II
26 **Gorffennaf**	**Ann a Joachim, Rhieni y Forwyn Fair Fendigaid** **Colect ac ÔG 231 a 389** Zephaniah 3. 14-17 Salm 127 Rhufeiniaid 8. 28-30 Mathew 13. 16,17	**Gwyn** *neu* liw y tymor	IV
27 **Gorffennaf**	**Martha, Mair a Lasarus o Fethania, Cymdeithion Ein Harglwydd** **Colect ac ÔG 232 a 389** Eseia 25. 6-9 Salm 49. 5-10, 16 Hebreaid 2. 10-15 Ioan 12. 1-8	**Gwyn** *neu* liw y tymor	IV
28 **Gorffennaf**	**Samson (5ed ganrif), Esgob Cymreig** **Colect ac ÔG 233 a 379** Eseciel 34. 11-16 Salm 28. 6-9 1 Pedr 5. 1-4 *neu* Effesiaid 4. 7, 8, 11-16 Ioan 21. 15-17	**Gwyn** *neu* liw y tymor	IV

29 Gorffennaf	**William Wilberforce (1833), Josephine Butler (1906) a phob Diwygiwr Cymdeithasol** **Colect ac ÔG 234 a 373** Eseia 58. 6-11 *neu* Job 31. 16-23 Salm 72. 1-4, 12-14 Galatiaid 3. 26-29; 4. 6, 7 *neu* 1 Ioan 3. 18-23 Mathew 9. 10-13 *neu* Luc 4. 16-21	**Lliw y tymor** *neu* Wyn	**V**
30 Gorffennaf	**Silas, Cyfaill Paul a Chenhadwr** **Colect ac ÔG 235 a 365** Eseia 52. 7-10 *neu* Eseciel 3. 16-21 Salm 16 *neu* 117 *neu* 96. 1-4, 10-13 Actau 13. 46-49 *neu* Actau 26, 19-23 Mathew 25. 31-46 *neu* Luc 5. 1-11	**Gwyn** *neu* liw y tymor	**IV**
31 Gorffennaf	**Joseff o Arimathea** **Colect ac ÔG 236 a 389** Ecclesiasticus 2. 1-9 Salm 15 Philipiaid 4. 4-9 Ioan 19. [31-37,] 38-42	**Gwyn** *neu* liw y tymor	**IV**
	Ignatius o Loyola (1556), Offeiriad a Sefydlydd Cymdeithas yr Iseu **Colect ac ÔG 395 a 377** 1 Corinthiaid 10.31 – 11.1 Salm 34. 1-10 Luc 14. 25-33	**Lliw y tymor** *neu* Wyn	**V**
3 Awst	**Garmon (5ed ganrif), Esgob Auxerre** **Colect ac ÔG 237 a 379** Eseciel 34. 11-16 Salm 28. 6-9 1 Pedr 5. 1-4 *neu* Effesiaid 4. 7, 8, 11-16 Ioan 21. 15-17	**Gwyn** *neu* liw y tymor	**IV**
5 Awst	**Oswallt (642), Brenin Northumbria a Merthyr** **Colect ac ÔG 238 a 385** Doethineb 3. 1-9 Salm 28. 6-9 1 Pedr 4. 12-19 Ioan 16. 29-33	**Lliw y tymor** *neu* Coch	**V**

6 **Awst**	**Gweddnewidiad ein Harglwydd** *Gweler Llithiadur*	**GWYN**	**II**
8 **Awst**	**Dominig (1221),** **Pregethwr a Sylfaenydd Urdd y Pregethwyr** **Colect ac ÔG 240 a 381** Ecclesiasticus 39. 1-10 Salm 119. 57-64 1 Ioan 2. 12-17 Mathew 19. 23-30 *neu* Luc 12. 32-34	**Gwyn** *neu* liw y tymor	**IV**
9 **Awst**	**Augustine Baker (1641), Offeiriad a Mynach** **Colect ac ÔG 241 a 377** *naill ai* Deuteronomium 6. 3-9 Salm 16 Effesiaid 4. 1-7, 11-13 Mathew 25. 14-30 *neu* 1 Brenhinoedd 19. 16, 19-21 Salm 128 2 Corinthiaid 5. 14-20 Ioan 15. 9-17	**Lliw y tymor** *neu* Wyn	**V**
	Mary Sumner (1921), **Sylfaenydd Undeb y Mamau** **Colect ac ÔG 242 a 373** Diarhebion 31. 10-13, [14-18,] 19, 20, [21-29,] 30, 31 Salm 127 *a / neu* 128 1 Pedr 3. 1-9 Marc 3. 31-35 *neu* Luc 10. 38-42	**Lliw y tymor** *neu* Wyn	**V**
	Edith Stein (1942), **Athrawes y Ffydd a Merthyr yn Auschwitz** **Colect ac ÔG 243 a 385** Doethineb 3. 1-9 Salm 28. 6-9 Rhufeiniaid 8. 35-39 *neu* Datguddiad 7. 13-17 Mathew 10. 24-32 *neu* Ioan 15.18 – 16.4a	**Lliw y tymor** *neu* Coch	**V**
10 **Awst**	**Lawrens (258), Diacon yn Rhufain a Merthyr** **Colect ac ÔG 244 a 385** Doethineb 3. 1-9 Salm 28. 6-9 2 Corinthiaid 9. 6-10 Mathew 10. 24-32 *neu* Ioan 15.18 – 16.4a	**Lliw y tymor** *neu* Coch	**V**

11 Awst	**Clêr o Assisi (1253), Cardotes a sylfaenydd Urdd Tlodion Clêr** **Colect ac ÔG 245 a 383** Caniad Solomon 8. 6, 7 Salm 119. 57-64 1 Ioan 2. 12-17 Mathew 19.23-30 *neu* Luc 12. 32-34	**Gwyn** *neu* liw y tymor	**IV**
12 Awst	**Ann Griffiths (1805), Bardd Cymreig** **Colect ac ÔG 246 a 375** Caniad Solomon 2. 8-14 Salm 5. 1-8 Datguddiad 19. 11-16 Ioan 17. 20-26	**Lliw y tymor** *neu* Wyn	**V**
13 Awst	**Jeremy Taylor (1667), Esgob Down a Connor ac Athro'r Ffyddh** **Colect ac ÔG 247 a 379** Eseciel 34. 11-16 Salm 28. 6-9 Titus 2. 7, 8, 11-14 Ioan 21. 15-17	**Lliw y tymor** *neu* Wyn	**V**
14 Awst	**Maximilian Kolbe (1941), Offeiriad a Merthyr yn Auschwitz** **Colect ac ÔG 248 a 385** Doethineb 3. 1-9 Salm 28. 6-9 Rhufeiniaid 8. 35-39 *neu* Datguddiad 7. 13-17 Mathew 10. 24-32 *neu* Ioan 15.18 – 16.4a	**Lliw y tymor** *neu* Coch	**V**
15 Awst	**Mair, Mam ein Harglwydd** *Gweler Llithiadur*	**GWYN**	**II**
20 Awst	**Bernard (1153), Abad Clairvaux ac Athro'r Ffydd** **Colect ac ÔG 250 a 383** Jeremeia 17. 7-10 Salm 119. 57-64 Datguddiad 19. 5-9 Mathew 19, 23-30 *neu* Luc 12. 32-34	**Lliw y tymor** *neu* Wyn	**V**

23 Awst	Tudful (430), Merthyr Cymreig **Colect ac ÔG 251 a 385** Doethineb 3. 1-9 Salm 28. 6-9 Rhufeiniaid 8. 35-39 *neu* Datguddiad 7. 13-17 Mathew 10. 24-32 *neu* Ioan 15.18 – 16.4a	**Lliw y tymor** *neu* Coch	V
24 Awst	**Bartholomeus, Apostol** *Gweler Llithiadur*	**Coch**	II
27 Awst	Monica (378), Mam Awstin o Hippo **Colect ac ÔG 253 a 389** Ecclesiasticus 26. 1-3, 13-16 Salm 127; 128 Philipiaid 4. 4-9 Ioan 17. 18-23	**Gwyn** *neu* liw y tymor	IV
28 Awst	Awstin o Hippo (430), Esgob a Dysgawdwr y Ffydd **Colect ac ÔG 254 a 356 / 387** Ecclesiasticus 39. 1-10 Salm 34. 11-18 Rhufeiniaid 13. 11-13 Mathew 13. 51, 52	**Gwyn** *neu* liw y tymor	IV
29 Awst	Dienyddio Ioan Fedyddiwr **Colect ac ÔG 255 a 256** Jeremeia 1. 4-10 Salm 11 Hebreaid 11.32 – 12.2 Mathew 14. 1-12	**Coch** *neu* liw y tymor	IV
31 Awst	Aeddan (651), Esgob Ynys Metgawdd a Chenhadwr **Colect ac ÔG 257 a 379** Eseciel 34. 11-16 Salm 28. 6-9 1 Corinthiaid 9. 16-19 Ioan 21. 15-17	**Gwyn** *neu* liw y tymor	IV

2 Medi	**Lucian Tapiedi (1942), Cenhadwr a Merthyr a Merthyron Papua Guinea Newydd (1901 a 1942)** **Colect ac ÔG 258 a 385** Doethineb 3. 1-9 Salm 28. 6-9 Rhufeiniaid 8. 35-39 *neu* Datguddiad 7. 13-17 Mathew 10. 24-32 *neu* Ioan 15.18 – 16.4a	**Lliw y tymor** *neu* Coch	V
3 Medi	**Gregori Fawr (604), Esgob Rhufain a Dysgawdwr y Ffydd** **Colect ac ÔG 259 a 356 / 387** Ecclesiasticus 39. 1-9 Salm 34. 11-18 1 Thesaloniaid 2. 3-8 Mathew 13. 51, 52	**Gwyn** *neu* liw y tymor	IV
8 Medi	**Genedigaeth y Forwyn Fair Fendigaid** **Colect ac ÔG 261 a 8** Genesis 3. 8-15 Salm 45. 6-11, 17 Rhufeiniaid 5. 12-15 Luc 11. 27, 28	**Gwyn** *neu* liw y tymor	IV
10 Medi	**William Salesbury (1584) a William Morgan (1604), Esgob; Cyfieithwyr** **Colect ac ÔG 262 a 392** Malachi 3. 16-18 Salm 145. 3-13a Datguddiad 19. 5-8 Ioan 17. 18-23	**Lliw y tymor** *neu* Wyn	V
11 Medi	**Deiniol (6ed ganrif), Esgob Cymreig** **Colect ac ÔG 263 a 379** Eseciel 34. 11-16 Salm 28. 6-9 1 Pedr 5. 1-4 *neu* Effesiaid 4. 7, 8, 11-16 Ioan 21. 15-17	**Gwyn** *neu* liw y tymor	IV
13 Medi	**Cyprian (258), Esgob Carthag, Athro'r Ffydd a Merthyr** **Colect ac ÔG 264 a 385** Doethineb 3. 1-9 Salm 28. 6-9 1 Pedr 4. 12-19 Mathew 18. 18-22	**Coch** *neu* liw y tymor	IV

14 Medi	**Gŵyl y Grog** *Gweler Llithiadur*	**Coch**	**II**
16 Medi	**Ninian (c430), Esgob Galloway, Apostol y Pictiaid a Chenhadwr** **Colect ac ÔG 266 a 379** Eseciel 34. 11-16 Salm 28. 6-9 Actau 13. 46-49 Marc 16. 15-20	**Gwyn** *neu* liw y tymor	**IV**
20 Medi	**Saint, Merthyron a Chenhadon Awstralasia a'r Môr Tawel** **Colect ac ÔG 267 a 365** Eseia 52. 7-10 *neu* Eseciel 3. 16-21 Salm 16 *neu* 96. 1-4, 10-13 *neu* 117 Actau 13. 46-49 *neu* Actau 26. 19-23 Mathew 25. 31-46 *neu* Luc 5. 1-11	**Lliw y tymor** *neu* Coch	**V**
21 Medi	**Mathew, Apostol ac Efengylwr** *Gweler Llithiadur*	**Coch**	**II**
24 Medi	**Sergei o Radonezh (1392), Abad Rwsiaidd** **Colect ac ÔG 269 a 383** Jeremeia 17. 7-10 Salm 119. 57-64 1 Ioan 2. 12-17 Mathew 19. 23-30 *neu* Luc 12. 32-34	**Lliw y tymor** *neu* Wyn	**V**
25 Medi	**Cadog (6ed ganrif), Abad Cymreig** **Colect ac ÔG 152 a 383** Jeremeia 17. 7-10 Salm 119. 57-64 1 Ioan 2. 12-17 Mathew 19. 23-30 *neu* Luc 12. 32-34	**Gwyn** *neu* liw y tymor	**IV**
26 Medi	**Lancelot Andrewes (1626), Esgob Caerwynt, Llenor Ysbrydol a Chyfi eithydd yr Ysgrythurau** **Colect ac ÔG 270 a 379** Eseia 6. 1-8, [9, 10] Salm 28. 6-9 1 Pedr 5. 1-4 *neu* Effesiaid 4. 7, 8, 11-16 Ioan 21. 15-17	**Lliw y tymor** *neu* Wyn	**V**

27 **Medi**	**Vincent de Paul (1660), Offeiriad a Chymwynaswr** **Colect ac ÔG 271 a 391** *naill ai* Eseia 52. 7-10 Salm 106. 1-4, 19-23 1 Corinthiaid 1. 25-31 Mathew 25. 34-40 *neu* Eseciel 34. 11-16 Salm 23 1 Pedr 5. 1-4 Ioan 10. 11-16	**Lliw y tymor** *neu* Wyn	**V**
29 **Medi**	**Mihangel a'r Holl Angylion** *Gweler Llithiadur*	**GWYN**	**II**
30 **Medi**	**Sierôm (420), Cyfi eithydd yr Ysgrythurau a Dysgawdwr yr Ffydd** **Colect ac ÔG 274 a 392** Ecclesiasticus 39. 1-9 Salm 34. 11-18 1 Corinthiaid 2. 6-13 Mathew 10. 16-23	**Gwyn** *neu* liw y tymor	**IV**
4 **Hydref**	**Ffransis o Assisi (1226), Brawd, Diacon a Phregethwr** **Colect ac ÔG 275 a 383** *naill ai* Jeremeia 17. 7-10 Salm 119. 57-64 1 Ioan 2. 12-17 Mathew 19. 23-30 *neu* Micah 6. 6-8 Salm 100 Galatiaid 6. 14-18 Luc 12. 22-34	**Gwyn** *neu* liw y tymor	**IV**
6 **Hydref**	**William Tyndale (1536), Cyfieithydd yr Ysgrythurau a Merthyr y Diwygiad Protestannaidd** **Colect ac ÔG 276 a 392** Diarhebion 8. 4-11 Salm 46 2 Timotheus 3. 12-17 Ioan 3. 14-21 neu Luc 9. 57-62	**Lliw y tymor** *neu* Coch	**V**
9 **Hydref**	**Cynog (5ed ganrif), Abad Cymreig** **Colect ac ÔG 277 a 383** Jeremeia 17. 7-10 Salm 119. 57-64 1 Ioan 2. 12-17 Mathew 19. 23-30 *neu* Luc 12. 32-34	**Lliw y tymor** *neu* Wyn	**V**

13 Hydref	**Edward Gyff eswr (1066), Brenin Lloegr** **Colect ac ÔG 278 a 389** 2 Samuel 23. 1-5 Salm 15 1 Ioan 4. 13-16 Ioan 17. 18-23	**Lliw y tymor** *neu* Wyn	**V**
14 Hydref	**Esther John (1960), Cenhades a Merthyr yn Pakistan** **Colect ac ÔG 279 a 385** Eseia 58. 6-11 Salm 146. 5-10 Rhufeiniaid 8. 35-39 *neu* Datguddiad 7. 13-17 Mathew 10. 24-32 *neu* Ioan 15.18 – 16.4a	**Lliw y tymor** *neu* Coch	**V**
15 Hydref	**Teresa o Ávila (1582), Athrawes yr Ffydd** **Colect ac ÔG 280 a 356 / 387** Ecclesiasticus 39. 1-9 Salm 34. 11-18 Rhufeiniaid 8. 22-27 Mathew 13. 51,52	**Gwyn** *neu* liw y tymor	**IV**
16 Hydref	**Daniel Rowland (1790), Offeiriad a Phregethwr Cymreig** **Colect ac ÔG 281 a 381** *naill ai* Deuteronomium 6. 3-9 Salm 16 Effesiaid 4. 1-7, 11-13 Mathew 25. 14-30 *neu* 1 Brenhinoedd 19. 16, 19-21 Salm 128 2 Corinthiaid 5. 14-20 Ioan 15. 9-17	**Lliw y tymor** *neu* Wyn	**V**
17 Hydref	**Ignatius (c117), Esgob Antioch a Merthyr yn Rhufain** **Colect ac ÔG 282 a 385** Doethineb 3. 1-9 Salm 28. 6-9 Philipiaid 3. 7-12 Ioan 6. 52-58	**Coch** *neu* liw y tymor	**IV**
18 Hydref	**Luc, Efengylwr** *Gweler Llithiadur*	**COCH**	**II**

19 Hydref	**Henry Martyn (1812), Bugail, Cyfieithydd yr Ysgrythurau a Chenhadwr** **Colect ac ÔG 285 a 365 / 392** Eseia 52. 7-10 Salm 96. 1-4, 10-13 Actau 13. 46-49 *neu* Actau 26 19-23 Marc 16. 15-20	**Lliw y tymor** *neu* Wyn	V
23 Hydref	**Iago o Jerwsalem, Esgob a Merthyr** **Colect ac ÔG 286 a 377 / 379** Actau 15. 12-22a Salm 1 1 Corinthiaid 15. 1-11 Mathew 13. 54-58	**Coch** *neu* liw y tymor	IV
25 Hydref	**Lewis Bayly (1631), Esgob Bangor ac Awdur** **Colect ac ÔG 287 a 379** Eseciel 34. 11-16 Salm 28. 6-9 1 Pedr 5. 1-4 *neu* Effesiaid 4. 7, 8, 11-16 Ioan 21. 15-17	**Lliw y tymor** *neu* Wyn	V
26 Hydref	**Alffred [Fawr] (899), Brenin yr Eingl-Sacsoniaid** **Colect ac ÔG 288 a 389** 2 Samuel 23. 1-5 Salm 15 Philipiaid 4. 4-9 Ioan 18. 33-37	**Lliw y tymor** *neu* Wyn	V
28 Hydref	**Simon a Jwdas, Apostolion** *Gweler Llithiadur*	**Coch**	II
30 Hydref	**Richard Hooker (1600), Offeiriad ac Athro'r Ffydd** **Colect ac ÔG 290 a 356 / 387** Ecclesiasticus 44. 10-15 Salm 34. 11-18 1 Corinthiaid 2. 6-13 Ioan 16. 12-15	**Lliw y tymor** *neu* Wyn	V

31 Hydref	Saint a Merthyron Catholig a Phrotestannaidd Cyfnod y Diwygiad Protestannaidd **Colect ac ÔG 291 a 385** Habacuc 2.1-4 Salm 46 Rhufeiniaid 1. 16-25 *neu* Galatiaid 2.20 – 3.9 Ioan 3. 14-21 *neu* Luc 9. 57-62	**Lliw y tymor** *neu* Coch	V
	Gwylnos yr Holl Saint **Colect ac ÔG 292 a 389** Ecclesiasticus 2. 1-9 Salm 15 Philipiaid 4. 4-9 Ioan 17. 18-23	**Lliw y tymor** *neu* Wyn	V
1 Tachwedd	GŴYL YR HOLL SAINT *Gweler Llithiadur*	**GWYN**	I
2 Tachwedd	Gŵyl yr Holl Eneidiau *Gweler Llithiadur*	**Porff** *neu* **DDu**	II
3 Tachwedd	Merthyron a Chyffeswyr ein Hoes **Colect ac ÔG 294 a 385** Doethineb 3. 1-9 Salm 28. 6-9 Rhufeiniaid 8. 35-39 *neu* Datguddiad 7. 13-17 Mathew 10. 24-32 *neu* Ioan 15.18 – 16.4a	**Lliw y tymor** *neu* Coch	V
	Gwenffrewi (7fed ganrif), Abades Cymreig **Colect ac ÔG 295 a 383** Jeremeia 17. 7-10 Salm 119. 57-64 1 Ioan 2. 12-17 Mathew 19. 23-30 *neu* Luc 12. 32-34	**Lliw y tymor** *neu* Wyn	V
4 Tachwedd	Saint a Merthyron y Cymundeb Anglicanaidd **Colect ac ÔG 296 a 385 / 389** Eseia 61. 4-9 *neu* Ecclesiasticus 44. 1-15 Salm 15 Datguddiad 19. 5-10 Ioan 17. 18-23	**Lliw y tymor** *neu* Coch	V

5 **Tachwedd**	**Cybi (6ed ganrif), Abad Cymreig** **Colect ac ÔG 297 a 383** Jeremeia 17. 7-10 Salm 119. 57-64 1 Ioan 2. 12-17 Mathew 19. 23-30 *neu* Luc 12. 32-34	**Gwyn** *neu* liw y tymor	**IV**
6 **Tachwedd**	**Illtud (5ed ganrif), Abad Cymreig** **Colect ac ÔG 298 a 383** Jeremeia 17. 7-10 Salm 119. 57-64 1 Ioan 2. 12-17 Mathew 19. 23-30 *neu* Luc 12. 32-34	**Gwyn** *neu* liw y tymor	**IV**
7 **Tachwedd**	**Richard Davies (1581),** **Esgob Cymreig a Chyfi eithydd yr Ysgrythurau** **Colect ac ÔG 299 a 392** Malachi 3. 16-18 Salm 145. 3-13a Datguddiad 19. 5-8 Ioan 17. 18-23	**Lliw y tymor** *neu* Wyn	**V**
8 **Tachwedd**	**Holl Saint Cymru** **Colect ac ÔG 300 a 391** Malachi 3. 16-18 Salm 145. 3-13a Datguddiad 19. 5-8 Ioan 17. 18-23	**Gwyn** *neu* liw y tymor	**IV**
10 **Tachwedd**	**Leo (461), Esgob Rhufain ac Athro'r Ffydd** **Colect ac ÔG 301 a 387** Ecclesiasticus 39. 1-9 Salm 34. 11-18 1 Pedr 5. 1-11 Mathew 13. 51, 52	**Lliw y tymor** *neu* Wyn	**V**
11 **Tachwedd**	**Martin (c397), Esgob Tours** **Colect ac ÔG 302 a 379** Eseciel 34. 11-16 Salm 28. 6-9 1 Thesaloniaid 5. 1-11 Mathew 25. 34-40	**Gwyn** *neu* liw y tymor	**IV**

<table>
<tr><td rowspan="2">12
Tachwedd</td><td rowspan="2">Tysilio (6ed ganrif), Abad Cymreig
Colect ac ÔG 303 a 383
Jeremeia 17. 7-10
Salm 119. 57-64
1 Ioan 2. 12-17
Mathew 19. 23-30 neu Luc 12. 32-34</td><td>Lliw y tymor</td><td rowspan="2">V</td></tr>
<tr><td>neu
Wyn</td></tr>
<tr><td rowspan="2">13
Tachwedd</td><td rowspan="2">Charles Simeon (1836), Offeiriad ac Athro'r Ffydd
Colect ac ÔG 304 a 381
naill ai
Malachi 2. 5-7
Salm 23
Colossians 1. 3-8
Luc 8. 4-8
neu
Eseia 52. 7-10
Salm 106. 1-4. 19-23
1 Corinthiaid 4. 1-5
Mathew 23. 8.12</td><td>Lliw y tymor</td><td rowspan="2">V</td></tr>
<tr><td>neu
Wyn</td></tr>
<tr><td rowspan="2">14
Tachwedd</td><td rowspan="2">Dyfrig (6ed ganrif), Esgob Cymreig
Colect ac ÔG 305 a 377 / 379
Eseciel 34. 11-16
Salm 28. 6-9
1 Pedr 5. 1-4 neu Effesiaid 4. 7, 8, 11-16
Ioan 21. 15-17</td><td>Gwyn</td><td rowspan="2">IV</td></tr>
<tr><td>neu
liw y tymor</td></tr>
<tr><td rowspan="2">15
Tachwedd</td><td rowspan="2">Saint, Merthyron a Chenhadon Gogledd America
Colect ac ÔG 306 a 365
Eseia 52. 7-10 neu Eseciel 3. 16-21
Salm 16 neu 96. 1-4, 10-13 neu 117
Actau 13, 46-49 neu Actau 26, 19-23
Mathew 25. 31-46 neu Luc 5. 1-11</td><td>Lliw y tymor</td><td rowspan="2">V</td></tr>
<tr><td>neu
Coch</td></tr>
<tr><td rowspan="2">16
Tachwedd</td><td rowspan="2">Margaret o’r Alban (c1045),
Brenhines, Dyngarwraig a Diwygwraig yr Eglwys
Colect ac ÔG 307 a 389
Diarhebion 31. 10-12, 20, 26-31
Salm 15
1 Corinthiaid 12.13 – 13.3
Mathew 25. 34-46</td><td>Lliw y tymor</td><td rowspan="2">V</td></tr>
<tr><td>neu
Wyn</td></tr>
</table>

17 **Tachwedd**	**Huw (1200), Esgob Lincoln** **Colect ac ÔG 308 a 377 / 379** Eseciel 34. 11-16 Salm 28. 6-9 1 Timotheus 6. 11-16 Ioan 21. 15-17	**Lliw y tymor** *neu* Wyn	V
18 **Tachwedd**	**Hilda (680), Abades Whitby** **Colect ac ÔG 309 a 383** Eseia 61.10 – 62.5 Salm 119. 57-64 1 Ioan 2. 12-17 Mathew 19. 23-30 *neu* Luc 12. 32-34	**Lliw y tymor** *neu* Wyn	V
19 **Tachwedd**	**Elisabeth *o* Hwngari (1231), Tywysoges Thwringia a Dyngarwraig** **Colect ac ÔG 310 a 389** Diarhebion 31. 10-31 Salm 15 Philipiaid 4. 4-9 Mathew 25. 31-46	**Lliw y tymor** *neu* Wyn	V
21 **Tachwedd**	**Peulin *o* Gymru (5[ed] ganrif), Abad Cymreig** **Colect ac ÔG 311 a 383** Jeremeia 17. 7-10 Salm 119. 57-64 1 Ioan 2. 12-17 Mathew 28. 16-20	**Lliw y tymor** *neu* Wyn	V
22 **Tachwedd**	**Cecilia (230), Merthyr yn Rhufain** **Colect ac ÔG 384 a 385** Hosea 2:14-20 Salm 45:10-17 Mathew 25:1-13	**Lliw y tymor** *neu* Coch	V
23 **Tachwedd**	**Clement (c100), Esgob Rhufain a Merthyr** **Colect ac ÔG 312 a 377 / 379** Eseciel 34. 11-16 Salm 28. 6-9 Philipiaid 3.17 – 4.3 Mathew 16. 13-19	**Lliw y tymor** *neu* Coch	V

25 Tachwedd	**John Donne (1631), Offeiriad a Bardd** **Colect ac ÔG 313 a 375** Caniad Solomon 2. 8-14 Salm 5. 1-8 Datguddiad 19. 11-16 Ioan 17. 20-26	**Lliw y tymor** *neu* Wyn	**V**

DYDDIAU'R GWEDDI		
Llun, Mawrth a Mercher cyn Dydd Iau Dyrchafael	Llun Colect ac ÔG 341 a 344	1 Brenhinoedd 8. 35-40 Salm 104. 19-30 1 Ioan 5. 12-15 Mathew 6. 1-15
	Mawrth Colect ac ÔG 342 a 344	Job 28. 1-11 Salm 107. 1-9 2 Thesaloniaid 3. 6-13 Marc 11. 22-24
	Mercher Colect ac ÔG 343& 344	Deuteronomium 8. 1-10 Salm 121 Philipiaid 4. 4-7 Luc 11. 5-13
DYDDIAU'R CYDGORIAU (Defnyddir y darlleniadau yn eu trefn)		
Mercher, Gwener a Sadwrn cyn: y trydydd Sul yn Adfent yr ail Sul yn y Grawys a'r Sul agosaf at 29 Mehefin a 29 Medi	Set 1 Colect ac ÔG 351 a 352	Jeremeia 1. 4-9 Salm 84. 8-12 Actau 20. 28-35 Mathew 9. 35-38
	Set 2 Colect ac ÔG 351 a 352	Numeri 11. 16, 17, 24-29 Salm 122 1 Corinthiaid 3. 5-11 Luc 4. 16-21 *neu* Luc 12. 35-43
	Set 3 Colect ac ÔG 351 a 352	Numeri 27. 15-23 Salm 134 1 Pedr 4. 7-11 Ioan 4. 31-38

<table>
<tr><td colspan="2">DIOLCHGARWCH AM FEDYDD SANCTAIDD
Gellir defnyddio’r darlleniadau yn y Cymun neu mewn gwasanaethau eraill.</td></tr>
<tr><td>Gellir ei ddathlu unrhyw bryd yn ystod Tymor y Pasg</td><td>Colect ac ÔG 337 a 338
Eseciel 36. 24-28
Salm 34. 1-10
Rhufeiniaid 6. 3-11
Mathew 28. 16-20</td></tr>
</table>

<table>
<tr><td colspan="4">DIOLCHGARWCH AM Y CYNHAEAF
Gellir defnyddio’r darlleniadau yn y Cymun neu mewn gwasanaethau eraill.</td></tr>
<tr><td rowspan="3">Yn draddodiadol oddeutu’r Sul cyntaf ym mis Hydref</td><td colspan="3">PRIF WASANAETH
Colect ac ÔG 345 a 346</td></tr>
<tr><td>BLWYDDYN A
Deuteronomium 8. 7-18 neu 28. 1-14
Salm 65
2 Corinthiaid 9. 6-15
Luc 12. 16-30 neu 17. 11-19</td><td>BLWYDDYN B
Joel 2. 21-27
Salm 126
1 Timotheus 2. 1-7 neu 6. 6-10
Mathew 6. 25-33</td><td>BLWYDDYN C
Deuteronomium 26. 1-11
Salm 100
Philipiaid 4. 4-9 neu Datguddiad 14. 14-18
Ioan 6. 25-35</td></tr>
<tr><td colspan="3">Darlleniadau o’r HD
Deuteronomium 8. 7-20
2 Samuel 24. 18-25
1 Cronicl 29. 10-18
Eseia 55
Joel 2. 21-27
Ecclesiasticus 39. 16-27, 32-35

Darlleniadau o’r TND
Galatiaid 5.16 – 6.10
1 Ioan 4. 7-21

Efengyl
Mathew 13. 24-30
Luc 8. 4-15
Ioan 4. 31-38
Ioan 6. 35-51

Salmau
67
104. 1-23
104. 24-35
145
147
148
150</td></tr>
</table>

GŴYL CYSEGRU			
Bl.	PRIF WASANAETH	AIL WASANAETH	TRYDYDD GWASANAETH
A	Colect ac ÔG 347 a 348 1 Brenhinoedd 8. 22-30 *neu* Datguddiad 21. 9-14 Salm 122 Hebreaid 12. 18-24 Mathew 21. 12-16	Salm 132 Jeremeia 7. 1-11 1 Corinthiaid 3. 9-17	Salm 48 Haggai 2. 6-9 Hebreaid 10. 19-25
B	Colect ac ÔG 347 a 348 Genesis 28. 11-18 *neu* Datguddiad 21. 9-14 Salm 122 1 Pedr 2. 1-10 Ioan 10. 22-29	Salm 132 Jeremeia 7. 1-11 Luc 19. 1-10	Salm 48 Haggai 2. 6-9 Hebreaid 10. 19-25
C	Colect ac ÔG 347 a 348 1 Cronicl 29. 6-19 Salm 122 Effesiaid 2. 19-22 Ioan 2. 13-22	Salm 132 Jeremeia 7. 1-11 Luc 19. 1-10	Salm 48 Haggai 2. 6-9 Hebreaid 10. 19-25

Abad / Abades	1 Brenhinoedd 19. 9-18 *neu* Diarhebion 10. 27-32 *neu* Caniad Solomon 8. 6, 7 *neu* Eseia 61.10 – 62.5 *neu* Jeremeia 17. 7-10 *neu* Hosea 2. 14, 15, 19, 20 Salm 34. 1-8 *neu* 112. 1-9 *neu* 119. 57-64 *neu* 123 *neu* 131 Actau 4. 32-35 *neu* 2 Corinthiaid 10.17 – 11.2 *neu* Philipiaid 3. 7-14 *neu* 1 Ioan 2. 12-17 *neu* Datguddiad 19. 1, 5-9 Mathew 11. 25-30 *neu* Mathew 19. 3-12 *neu* Mathew 19. 23-30 *neu* Luc 9. 57-62 *neu* Luc 12. 32-3
Esgob	1 Samuel 16.1, 6-13 *neu* Eseia 6. 1-8, [9, 10] *neu* Jeremeia 1. 4-10 *neu* Eseciel 3. 16-21 *neu* Eseciel 34. 11-16 *neu* Malachi 2. 5-7 Salm 1 *neu* 15 *neu* 16. 5-11 *neu* 28. 6-9 *neu* 96 *neu* 110 Actau 20. 28-35 *neu* 1 Corinthiaid 4. 1-5 *neu* 2 Corinthiaid 4. 1, 2, [3, 4,] 5-7, [8-10] *neu* 2 Corinthiaid 5. 14-20 *neu* Effesiaid 4. 7, 8, 11-16 *neu* 1 Pedr 5. 1-4 Mathew 11. 25-30 *neu* Mathew 24. 42-46 *neu* Ioan 10. 11-16 *neu* Ioan 15. 9-17 *neu* Ioan 21. 15-17
Dysgawdwr / Athro'r Ffydd	1 Brenhinoedd 3. [6-10,] 11-14 *neu* Diarhebion 4. 1-9 *neu* Doethineb 7. 7-10, 15, 16 *neu* Ecclesiasticus 39. 1-10 Salm 19. 7-10 *neu* 34. 11-18 *neu* 37. 30-34 *neu* 119. 85-96 *neu* 119. 97-104 1 Corinthiaid 1. 18-25 *neu* 1 Corinthiaid 2. 1-10 *neu* 9-16 *neu* Effesiaid 3. 8-12 *neu* 2 Timotheus 4. 1-8 *neu* Titus 2. 1-8 Mathew 5. 13-19 *neu* 13. 51-58 *neu* 23 8-12 *neu* Marc 4. 1-9 *neu* Ioan 16. 12-15
Merthyr	2 Cronicl 24. 17-21 *neu* Eseia 43. 1-7 *neu* Jeremeia 11. 18-20 *neu* Doethineb 3. 1-9 *neu* Doethineb 4. 10-15 Salm 3 *neu* 11 *neu* 28. 6-9 *neu* 31. 1-5 *neu* 44. 13-21 *neu* 126 Rhufeiniaid 8. 35-39 *neu* 2 Corinthiaid 4. 7-15 *neu* 2 Timotheus 2. 3-7, [8-13] *neu* Hebreaid 11. 32-40 *neu* 1 Pedr 4. 12-19 *neu* Datguddiad 7. 13-17 *neu* Datguddiad 12. 10-12a Mathew 10. 16-22 *neu* Mathew 10. 24-39 *neu* Mathew 16. 24-26 *neu* Ioan 12. 24-26 *neu* Ioan 15.18 – 16.4a
Cenhadaeth	Eseia 49. 1-6 *neu* Eseia 52. 7-10 *neu* Micah 4. 1-5 Salm 2 *neu* 46 *neu* 67 *neu* 96. 1-4, 10-13 Actau 17. 12-34 *neu* 2 Corinthiaid 5.14 – 6.2 *neu* Effesiaid 2. 13-22 Mathew 5. 13-16 *neu* Mathew 9. 35-38 *neu* Mathew 28.16-20 *neu* Ioan 17. 20-26

Cenhadwr	Eseia 52. 7-10 *neu* Eseia 61. 1-3a *neu* Eseciel 3. 16-21 *neu* Eseciel 34. 11-16 *neu* Jona 3. 1-5 Salm 16 *neu* 67 *neu* 87 *neu* 96. 1-4, 10-13 *neu* 97 *neu* 100 *neu* 117 Actau 2. 14, 22-36 *neu* Actau 13. 46-49 *neu* Actau 16. 6-10 *neu* Actau 26. 19-23 *neu* Rhufeiniaid 15. 17-21 *neu* 2 Corinthiaid 5.11 – 6.2 Mathew 9. 35-38 *neu* Mathew 25. 31-46 *neu* Mathew 28. 16-20 *neu* Marc 16. 15-20 *neu* Luc 5. 1-11 *neu* Luc 10. 1-9	
Bugail	*Naill ai* Eseia 52. 7-10 Salm 106. 1-4, 19-23 1 Corinthiaid 4. 1-5 Mathew 23. 8-12	*neu* Eseciel 34. 11-16 Salm 23 1 Pedr 5. 1-4 Ioan 10. 11-16
Bardd neu Arlunydd	Caniad Solomon 2. 8-14 Salm 5. 1-8 Datguddiad 19. 11-16 Ioan 17. 20-26	
Offeiriad	*Naill ai* Deuteronomium 6. 3-9 Salm 16 Effesiaid 4. 1-7, 11-13 Mathew 25. 14-30	*neu* 1 Brenhinoedd 19. 16, 19-21 Salm 128 2 Corinthiaid 5. 14-20 Ioan 15. 9-17
Seintiau	Genesis 12. 1-4 *neu* Diarhebion 8, 1-11 *neu* Micah 6. 6-8 *neu* Ecclesiasticus 2. 1-9, [10-17] Salm 15 *neu* 32 *neu* 33. 1-5 *neu* 119. 1-8 *neu* 139. 1-6, [7-12] *neu* 145. 8-13 Effesiaid 3. 14-19 *neu* 6. 11-18 *neu* Philipiaid 4. 4-9 *neu* Hebreaid 13. 7, 8, 15, 16 *neu* Iago 2. 14-17 *neu* 1 Ioan 4. 7-16 *neu* Datguddiad 21. [1-4,] 5-7 Mathew 19. 16-21 *neu* Mathew 25. 1-13 *neu* Mathew 25. 14-30 *neu* Ioan 15. 1-8 *neu* Ioan 17. 18-26	
Saint Cymru	Malachi 3. 16-18 Salm 145. 3-13a Datguddiad 19. 5-8 Ioan 17. 18-23	

Cyfrifoldeb Cymdeith-asol	Eseia 32. 15-20 *neu* Amos 5. 21-24 *neu* Amos 8. 4-7 *neu* Ecclesiasticus 4. 1-10 Salm 31. 21-24 *neu* 72. 1-4, 12-14 *neu* 85. 1-7 *neu* 146. 5-10 Actau 5. 1-11 *neu* Colosiaid 3. 12-15 *neu* Iago 2. 1-4 Mathew 5. 1-12 *neu* Mathew 25. 31-46 *neu* Marc 2. 1-5 *neu* Luc 16. 19-31
Achlysuron dinesig	Josua 1. 1-9 *neu* Diarhebion 8. 1-16 *neu* Eseia 26. 1-8 Salm 20 *neu* 47 *neu* 101 *neu* 121 Rhufeiniaid 13. 1-10 *neu* Datguddiad 21.22 – 22.4 Mathew 22. 16-22 *neu* Marc 12. 13-17 *neu* Luc 22. 24-30
Addysg	Deuteronomium 6. 4-9, 20-25 *neu* Diarhebion 8. 22-31 *neu* Ecclesiasticus 44. 1-15 Salm 36. 5-10 *neu* 49. 1-4 *neu* 78. 1-7 Philipiaid 4. 7, 8 *neu* 2 Timotheus 3.14 – 4.5 Mathew 11. 25-30 *neu* Mathew 13. 44-46 *neu* Ioan 7. 14-18
Cyfnod y Diwygiad	Habacuc 2. 1-4 Salm 46 Rhufeiniaid 1. 16-25 *neu* Galatiaid 2.20 – 3.9 Ioan 3. 14-21 *neu* Luc 9. 57-62
Gwylnos Sant	Exodus 19. 3-6a Salm 92. 1, 2, 12, 13 Datguddiad 5. 6-10 Luc 6. 20-23
Undod	*Gellir defnyddio deunydd eciwmenaidd cyfredol* Jeremeia 33. 6-9a *neu* Eseciel 36. 23-28 *neu* Eseciel 37. 15-22 *neu* Seffaneia 3. 16-20 Salm 100 *neu* 122 *neu* 133 Effesiaid 4. 1-6 *neu* Colosiaid 3. 9-17 *neu* 1 Ioan 4. 9-15 Mathew 18. 19-22 *neu* Ioan 11. 45-52 *neu* Ioan 17. 11b-23
Y Rhai Mewn Angen	Genesis 9. 8-17 *neu* Job 1. 13-22 *neu* Eseia 38. 6-11 *neu* Eseia 40. 28-31 Salm 86. 1-7 *neu* 107. 4-16 *neu* 121 *neu* 142 Rhufeiniaid 3. 21-26 *neu* Rhufeiniaid 8. 18-25 *neu* 2 Corinthiaid 8. 1-5, 9 Marc 4. 35-41 *neu* Marc 11. 22-25 *neu* Luc 12. 1-7 *neu* Ioan 16. 31-33

Heddwch	Eseia 9. 1-6 *neu* Eseia 57. 15-19 *neu* Micah 4. 1-5 Salm 29. 1-4, 10, 11 *neu* 40.13-17 *neu* 72. 1-7 *neu* 85. 8-13 Philipiaid 4. 6-9 *neu* 1 Timotheus 2. 1-6 *neu* Iago 3. 13-18 Mathew 5. 43-48 *neu* Ioan 14. 23-29 *neu* Ioan 15. 9-17
Arweiniad yr Ysbryd / Cyfarfod	Diarhebion 24. 3-7 *neu* Eseia 30. 15-21 *neu* Eseia 61. 1-3 *neu* Doethineb 9. 13-17 Salm 25. 1-9 *neu* 86. 9-12, 16, 17 *neu* 104. 24-34 *neu* 143. 8-10 Actau 15. 23-29 *neu* Rhufeiniaid 8. 22-27 *neu* 1 Corinthiaid 12. 4-13 Ioan 14. [15-22,] 23-26 *neu* Ioan 14. 27-33 *neu* Ioan 16. 13-15
Priodas / Afiechyd / Y Rhai sy'n Marw neu Angladdau	Gweler trefn y gwasanaethau